図解 コンサル一年目が学ぶこと

大石哲之

Discover

はじめに

本書は、**社会人一年目からベテランまで普遍的に役立つスキルを身につけてもらいたい、**それも、一過性ではなく、何十年も生き続けるスキルを身につけてもらいたいと思って書きました。決して、コンサルティング会社に勤める人のためだけのものではありません。

にもかかわらず、本書のテーマを「コンサル一年目が学ぶこと」としたのは、外資系のコンサルティング会社の出身者が、業界や職種を問わず、さまざまな場所で活躍しているからです。彼ら、彼女らが、コンサルタント時代に学んだことの中に、業種の垣根を越えて、広く活躍できる、普遍的な仕事力が含まれているという仮説が成り立ちます。

そこで、各界で活躍する元コンサルタントの方に取材をし、新人時代に学んだことの中で15年経っても記憶に残っていること、役立っていること、つまり、職種・業界が変わっても通用し、また、リーダーや経営者の立場になっても役立っていることを挙げてもらいました。そして、そのスキル・経験について、わたしの一般的な解説を加えたものが本書です。

まとめると、本書を読むことで**「職業・業界を問わず、15年後にも役立つ普遍的なスキルを」「社会人一年目で学んだときの基礎的なレベルから」**理解できるようになります。

本書の構成と成り立ちについて、お話ししましょう。取材は、わたしと同年代の方にお願いしました。業界、職業も幅広く、外資系ファームのパートナーになっている方、ベンチャー創業に携わり会社を上場させた方、政治家に転身された方、経営者や作家として複数の著作がある方、大学で教鞭をとられている方、上場企業でマネジメントにつかれている方、独立してコンサルタント業を営まれている方、その他多くの方々にお話を聞きました。これらの取材をもとに、項目を整理して、50個の重要スキルにまとめています。

スキルは4つのカテゴリに分けられ、4章構成になっています。

第1章は、「話す技術」と称して、おもにコミュニケーション面でのスキル。小手先のテクニックに収まらない普遍的な話を中心にまとめてあります。ファクトで話す、率直に話す、結論から話すなど、他の本でもとりあげられているものも多いかもしれませんが、それはつまり、それだけ重要だということです。とりわけ「期待値」の話は重要です。多くの元コンサルタントが、期待値を超えることの普遍的な重要性について語ってくれました。

第2章は、「思考術」と称して、論理思考や仮説思考、問題解決といったコンサルティングにおけるスキルを中心にとりあげ、基礎的な考え方と、どのように仕事や場面で生かしていくのかをまとめています。この章で特に大事なのは、「仮説思考」。コンサルタントの思考のエッセンスは仮説思考に詰まっており、一度身につければ生涯、色褪せません。

第3章は、「デスクワーク術」と称して、テクニック寄りのことをまとめています。議事録の書き方、スライド作成の基本、効率のよい勉強法、プロジェクトの課題管理方法など、時代を超えて使える武器になるテクニックに絞って解説しています。

第4章は、「ビジネスマインド」です。プロフェッショナルとは何か、コミットメントやフォロワーシップ、チームワークなどについてまとめました。仕事をするうえでのマインドは、どんな仕事をしていても、普遍的に通用します。この章では、一般的な解説を加えることよりも、一年目の具体的な体験を多く引用し、臨場感のある記述を心がけました。

類書とは異なり、体験談をもとに、より実践的な内容としたつもりです。あたかも先輩から実地で指導を受けているような、そんな体験を本書でもっていただければ幸いです。

大石哲之

図解　コンサル一年目が学ぶこと　目次

CHAPTER 1

コンサル流話す技術

CHAPTER 2 コンサル流思考術

CHAPTER 3

コンサル流デスクワーク術

CHAPTER 4
プロフェッショナル・ビジネスマインド

CHAPTER

1

コンサル流
話す技術

1

結論から話す

重要度

難易度

「まず、結論から話しなさい」

これは、コンサルタントとして学んだことの中でもっとも役に立ち、いまも意識しているコミュニケーションの鉄則です。

わたしもコンサルティング会社に入るまでは、物事は順番に話すのがふつうでした。学校でも、起承転結、つまり順番通りに話しなさいと習った人のほうが多いはずです。

これを**「演繹《えんえき》的な話し方」**と言います。「ああで、こうで、そうで、だから、こうなります」といった具合に、物事を順番に話していく方法です。

● **演繹の典型例：数学の式**

はじめに、ａとｂがあります。

次に、a＋bは3です。
その次に、bは2以上の値をとります。
ですから、aは1以下の値になります。【結論】

このように、前提から順番に話しはじめ、徐々に展開して、最後に結論にいたります。
これに対して、結論から話す方法を**「帰納的な話し方」**と言います。

●帰納の典型例：実験のレポート

この液体と、この液体を混ぜたら、○○ができました。【結論】
なぜそういう現象が起きたのかというと、次のような理由からです……

このように、**まず結論から話し、続けて詳細を明らかにしていきます。**
大学生なら、レポートや論文を書くときに、まず結論から書くように指導されたはずです。そのあとに、どうしてそういうことになるのか、と理由づけをしていきます。

「結論から」が徹底されるコンサルティング会社

コンサルティング会社では、あらゆるものが、「結論から」のフォーマットに沿っています。そして、常にそれを意識するよう、すべてにおいて徹底されています。コンサルティングの報告書はもちろん、日常のメール、メモ書き、上司とのやりとり、すべて「結論から」です。こうすることのメリットは、やはり**物事がシンプルに明確になる**ということです。それにより、短い時間で相手に必要なことを伝えることができます。

わたしも慣れるのには苦労しました。どうしても日本人の思考法は、経過があって、順番があって、最後に結論がきます。日本語の語順からしてそうなっているからです。それを最初に結論がくるように逆転させるのですから、慣れが必要で、意識的にやって身につけていくしかありません。

☑ 「結論から話す」と、短い時間で相手に必要なことが伝えられる
☑ 意識的に結論から話すようにして、慣れることが必要

演繹と帰納

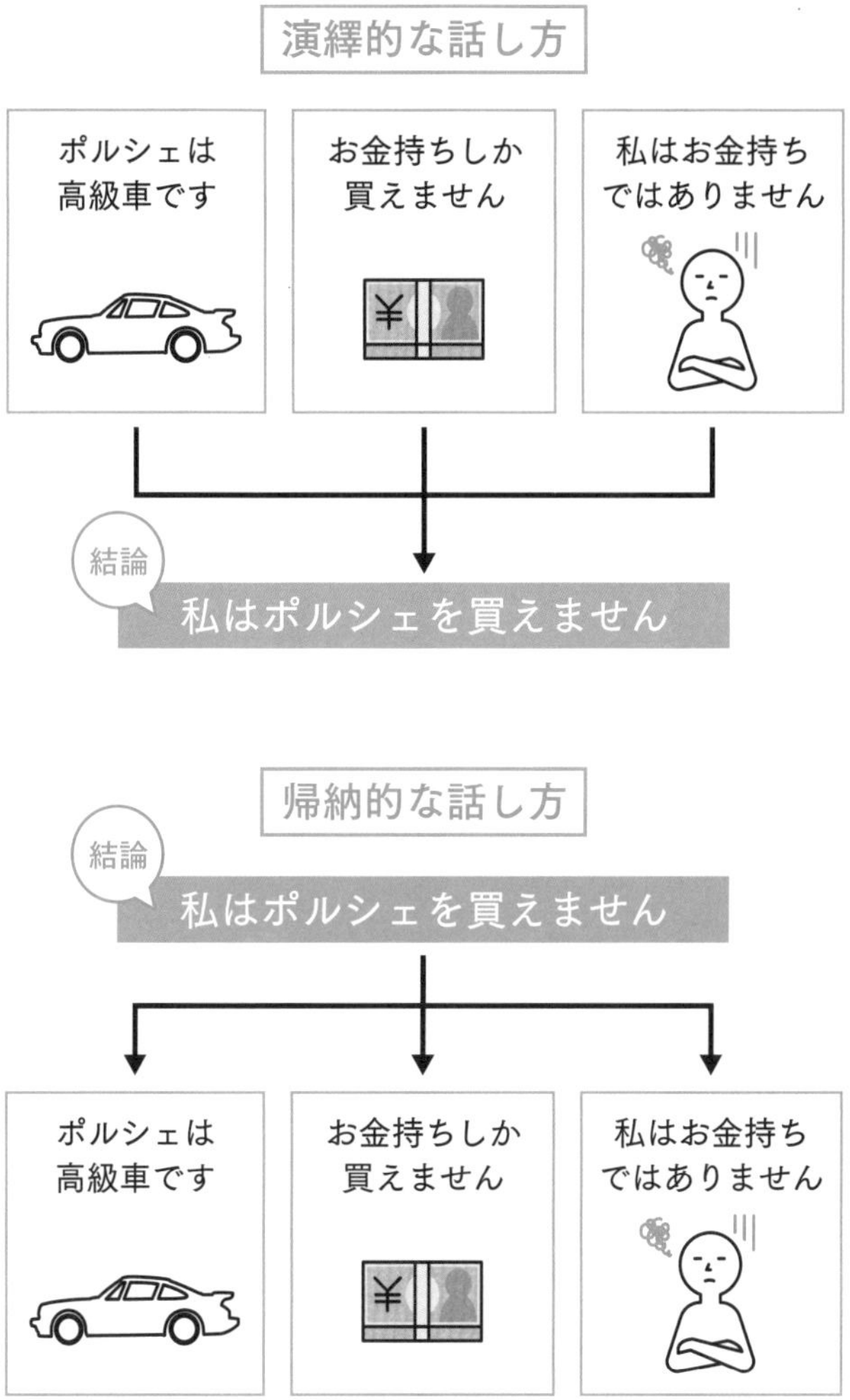
演繹的な話し方
ポルシェは高級車です
お金持ちしか買えません
私はお金持ちではありません
¥
結論
私はポルシェを買えません
帰納的な話し方
結論
私はポルシェを買えません
ポルシェは高級車です
お金持ちしか買えません
私はお金持ちではありません
¥

2

ＰＲＥＰの型に従う

重要度 ■■

難易度 ■

結論から話す方法に、ＰＲＥＰ《プレップ》法があります。まずこの原則を理解しましょう。

ＰＲＥＰは、Point（結論）／Reason（理由づけ）／Example（具体例）／Point（結論の繰り返し）の頭文字を並べたもので、話をする際の「型」です。「型」なので、意識してやってみる必要があります。

そのためには、ふだん話すときも、思いついたことから喋るというクセをなくすことです。**一度、ＰＲＥＰの型を思い出して頭の中を整理する。そして結論から話す**のです。

人はどうしても聞かれたことにすぐに答えなくてはダメだ、まず何かを喋ろうと焦ってしまいがちです。そして、整理せずに、とりあえず思いついたことを言おうとしてしまう。

わたしにもそういうクセがありました。人の質問に対して、詰まったり、何か返すことができないと、頭の回転が遅いと思われるのではないか、という漠然とした恐怖感があったからです。で、その場を取り繕うために、とりあえず、何か言う。

しかし、これはビジネスでは通用しないことを一年目のときに指摘されました。

「大石さん、わたしの質問に対して、取り繕うように何か言わないでいいですから」

ハッとしました。取り繕うようなことを言うほうがよっぽど頭が悪く見えるということがわかったのです。マネジャーは、「5分考えてからでいいので、ちゃんと頭を整理してから、もう一度答えてください」と言いました。すぐ答えることだけを意識していた自分にとっては、考える時間をとってもいい、というのは、まさに目からウロコでした。

それ以来、言葉に詰まる質問を受けたときは、「1、2分考える時間をください」と言ってから、黙って考え、頭の中を整理し、結論から話すようにしています。

会議は、結論から逆算して運営する

結論がもっとも意識されるべき場面は会議です。会議の際には、必ず「アジェンダ」を用意します。アジェンダは要するに議題ですが、日本語で議題というとかなり曖昧なものも含んでしまいます。これに対し、**アジェンダは、より積極的に「論点」とか「どういう**

結論を出すべきかというゴールイメージ」を列挙したものをさします。たとえば、「この会議のアジェンダは、コンサルタント一年目でもっとも大事なスキルを50個挙げることが目的です。それが議論したいことであり、ゴールであり、結論になります」

このように、**何を結論としたいのか、会議で何を決めるのか、それを数字に落とし込んで宣言しましょう**。会議の最後で何が決まっていればOKなのか。そのテーマこそが、会議のアジェンダです。そして、

- **どういう結論を得たいのか？**
- **そのためにはどういう段取りをするのがよいのか？**
- **どういうふうにそれを決めていくのか？**

といったように、得たい結論から逆算して会議の運営をします。これを意識するだけで、会議の方向性がブレにくくなります。

☑ **報告書も、日常のメールも、話すときも、答えるときも、会議の運営も、すべてPREPの型に沿って、結論から**

PREP法とは

P Point 結論	本書の目的は、わたしがコンサルタント一年目に学んだ、15年後も使える普遍的なスキルを読者のみなさんに身につけてもらうことです。
R Reason 理由づけ	なぜ、コンサルタント一年目なのか？　まず、コンサルタントは他の職種に比べて、整理された方法論を学ぶことができます。さらに、15年経っても使えるような普遍的なスキルの多くは一年目に学びます。そのエッセンスを抜き出せば、多くの方に役立つはずです。
E Example 具体例	たとえば、結論から話す、というのがその事例です。結論から話すのはビジネスでは当たり前で、特にコンサル会社では徹底されますが、意識的に訓練しないと最初はすぐにできません。
P Point 結論の 繰り返し	結論として、本書にあるコンサルタント一年目で学ぶスキルを身につければ、15年後にも役立ち、幅広い業界で活躍することができます。

3

端的に話す——Talk Straight

重要度

難易度

外資系コンサルティング会社において、新人の行動の指針になっているのが「**Talk Straight（トーク・ストレート）**」です。これは、「端的に喋る、簡潔に喋る」という意味と、「率直に喋る」という意味が合わさったものだと理解していただければいいでしょう。

言い換えれば、変な駆け引きや言い訳をせず、言われたことにきちんとストレートに答えること。相手の信頼を得るために非常に大事なこととして、いまも常に心がけています。

たとえば、上司に「あの件に関する分析はできましたか？」と質問をされたとしましょう。だいたいこういう質問がくるときは、作業が遅れ気味か、うまくいっていないときと決まっています。すでにできていたら、真っ先に報告していますから。

新人のころは作業がうまくいかないのは当たり前で、そういうときに、こういう質問を投げられると、びくびくしてしまうもの。ついつい、言い訳から入ってしまいがちです。

いまのわたしなら、素直に「まだ、できていません」と答えられます。というのも、**マネジャーが知りたいのは、単に、できたか、できていないかという事実です。**もしできていないのなら、どうしてできないのかという原因、それだけです。言い訳なんて聞きたくありませんし、できていないのならしかたない、できる方法を考えるだけです。

マネジャーが怒ったとしても、自分に対して怒っているわけではなく、単に、物事を前に進めたいのだということが、いまならわかります。

だから、こういうときはまず、**「まだできていません」**とか、**「分析グラフができていません」**といった具合に端的に答えるべきなのです。これが、質問にストレートに答えるということです。これを心がけるようになってから、実は怒られる度合いが減りました。

「なぜ?」へと進めれば、問題の所在がわかる

質問にストレートに答えると、自然とコミュニケーションが図られて、問題の所在がわかります。相手は、その先の「なぜ？」や「どうして？」を聞いてくるからです。

「分析はできましたか？」

「できていません」

「なぜできていないのですか？」

「データに問題があります。解決には1週間くらいかかります」

「その分析の締め切りは今週中です。別の人もヘルプさせるから、2日で仕上げてほしい」

この、相手の「なぜ？　どうして？」に答えていくことによって、自然とコミュニケーションが図られて、問題の所在がわかるのです。「できていません」の結果だけ聞いていきなり激怒する人は少ないと思います。さすがに、その先の話も聞かなくては判断できません。だから、むしろ、イエス・ノーで端的に答えたほうが、怒られにくいのです。

さらに、イエス・ノーからはじめて、順番に深掘りしていくようなコミュニケーションをすると、問題の所在がわかってきて、生産的な話になることが多いのです。

☑ Talk Straightとは、駆け引き抜きに、端的に、簡潔に、率直に話すこと
☑ 質問にストレートに答えると状況が明らかになる

端的に答えると問題が解決する

質問に端的に答える

上司が事態を把握して疑問をぶつける

別の人をヘルプで呼ぶなど、
問題解決に向かっていく

4

言いづらいことの伝え方

重要度

難易度

「Talk Straight」の中には、**言いにくいことでも、間違っているなら間違っていると言う**ことも含まれます。

上司や偉い人が言っていることでも、疑ってかかる。もしそれがおかしいことであれば、ちゃんと指摘する。

その方向に進んだら、きっとうまくいかない。そういう場合は、非常に言いにくくても指摘しておかないと、あとで「どうしてわかっていたのに指摘しなかったんだ」と言われます。

わかっているのに言わないというのは、個人の感情の関係では好ましい場合もありますが、仕事においては、逆に不誠実ととらえられることのほうが多いのです。

ストレートに話をすると、空気が読めない、と言われることもあります。けれども、それでもストレートに話したほうが、結局は信頼を得ることができます。

もちろん、利害が対立している相手との交渉といったような、一方が得をして、一方が損をするもの（これをゼロサムゲームと呼びます）においては、ごまかしたり、はぐらかしたり、嘘をついたり、そういうことが効果的なこともあるかもしれません。交渉のコミュニケーションの本などでは、そういうゼロサムゲームで有効な策が多く提示されていることでしょう。けれども、実際の仕事の場面では、お互いが協力して、１＋１が3になるような結果を出す人のほうがやはり評価されます。

同じ利益を追求しようとしている者同士ですから、率直にものを言い、駆け引きをしないほうがうまくいくものです。

できないときは、できる方法を提案する

ムリな作業を依頼された場合でも、端的に答えることが大切です。

上司から、「この作業を明日までにやってほしい」と依頼があったとします。やらないといけないことはわかっているし、できないことはないけれども、間違いなく徹夜になる

ような無茶な指示だったとします。あなたならどう答えますか？

まず、そんな指示への不満から入りますか？

質問に答えるということは、イエス・ノーをはっきり言うことです。

たとえばこんな答え方はどうでしょう。

「はい、できます。ただし、1人ではボリューム的に無理です。手伝ってくれる人が1名いれば、2人で協力して終わらせることができると思います」

この言い方なら、クリアかつ、仕事が前に進みそうです。言い訳がましくありませんし、上司も、じゃあヘルプを頼もう、という考えになるでしょう。

上司の目的は、あくまでも仕事を前に進めることだからです。

できない依頼だと思った場合でも、できる方法を模索して提案することで、建設的な話し合いをすることができます。

☑ **必要なことなら、言いにくいこともストレートに言う**
☑ **社内で駆け引きをしない**

仕事では率直に指摘したほうがよい

仕事

評判の悪い機械の購入を
上司が検討している

↓

仕事をうまく進めるために
きちんと指摘する

言いにくくても指摘したほうが
誠実な対応と言える

プライベート

評判の悪いお店に
友人から誘われる

↓

人間関係を大切にして
指摘しない

関係を良好に保つために
合わせることもあり得る

5

数字というファクトで語る

重要度

難易度

コンサルタントは、一年目でも、年上で経験豊富なクライアントと話すことが少なくありません。なぜそんなことができるかというと、「ファクトで語っているから」です。

ファクトとは、事実のこと。つまり自分の経験談や、気の利いた言葉ではなく、動かしようのない事実をさします。事実の最たるものが「数字」。数字は誰も動かしようがなく、否定もしようがありません。ですから、**数字でものを言う**のが、いちばん効果的です。

わたしは、新人時代に、とある会社の営業社員の行動に関するデータ分析を当時のマネジャーに指示されました。作業は地道なものでした。典型的な新人の仕事です。

まず、営業の日報を取り寄せ、誰がどこに何回訪問したのかを集計。そして、実際の売上実績や、マーケティング会社が提供する市場規模のデータとそれらを突き合わせました。

その結果、その会社の営業社員は、自社製品をすでに使ってくれている顧客に足繁く通っていて、結果的に、予算があるものの攻めきれていない顧客には、たいして時間を割けていない傾向があることがわかりました。

クライアントが知りたかったのは、この事実です。クライアントは感覚的には問題を認識しつつも、実際の数字を把握できておらず、人を納得させる「証拠」がありませんでした。ですから、わたしたちはコンサルタントとしてそれを調べあげました。

このデータを見たクライアントは、薄々感じていたことがデータで裏付けられ、納得した様子でした。もちろん、社内的にもこの事実はショックです。しかし、事実なのだから、誰も文句は言えません。しぶしぶかもしれませんが、納得するしかないのです。その後、どうして改革が必要かを社内に語る際にも、このデータは重要な事実として引用されました。

わたしは、経験や経営知識のない単なる新人でしたが、**クライアントが知らない事実を数字で示すことで、価値を認められた**のです。

「おかしい」と思ったら、事実を集めて数字にする

社内で、非効率だったり、理不尽だったり、無駄だと思えることがあって、それを改善

したいと思っているとしましょう。そういうときに、「○○は非効率だと思います。変えるべきです。危機感をもってください」という言い方をしてしまうと、逆効果です。

なぜ新人がそんな偉そうなことを言うのか、と思われてしまいます。新人であればあるほど、事実を拾ってこないといけないのです。いくら新人の提言でも、それが事実ならば、聞いてもらえます。**意見は封殺されることがありますが、事実は封殺しようがありません。**

「○○がおかしい」と思ったら、まず、事実を集めましょう。そのときは具体的なものを集めるようにします。**ウェブサイトや新聞に載っていない、あなたが数えなければ決して数えることができないようなデータこそが、有効です。**

「誰が、何を、何回したのか」「どれが、いつ、何回利用されているのか」、こういう数字を集めてきてください。集めた数字に意味があれば、完全に無視されることはありません。

そして、そういう地道なことをするのが、新人の役割でもあるのです。

☑ 経験のない一年目の唯一の武器が、数字
☑ ほかでは得られない、独自に集めた数字が有効

ファクトを提示する

課題がある

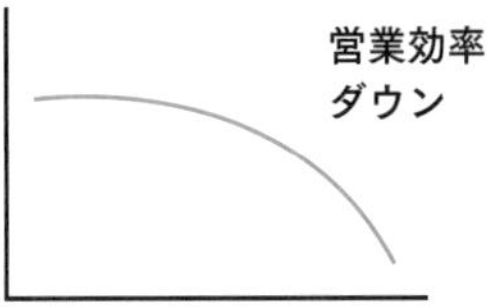

「営業の効率を上げたい」というクライアントの課題がある

原因を数字化する

クライアントの感覚的な問題意識を数字で分析、データ化

クライアントに数字を伝える

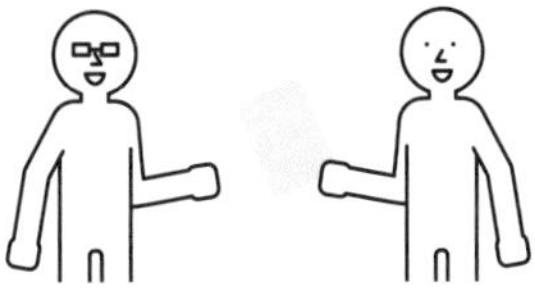

クライアントが知らない事実を数字で示すことが「価値」になる

6

数字とロジックで語る

重要度

難易度

わたしが入社したコンサルティング会社は外資系で、入社時の研修を国外で行います。同じ時期に採用された世界中のコンサルタントといっしょに研修を受けるのです。わたしのチームは、8名ほどで構成されました。日本人が4名ほど、残りは他国の人です。アメリカ、カナダの人が多い一方、イスラエルや南アフリカから来た人もいました。

研修で与えられた課題は、この多国籍チームで、ある缶詰会社の事業戦略を解決するというものでした。問題点をロジックツリーにまとめて構造化し、会社や市場のデータを用いて分析し、最後はプレゼンにまとめました。

それ自体、よい問題解決のトレーニングでしたが、いま、より重要だったと思うのが、文化やバックグラウンドの違う人たちといっしょに仕事をする方法を学べたことです。

グローバルな多国籍企業では、それぞれ考え方の土台や習慣が違うということは前提です。これを多様性（ダイバーシティ）と呼びます。どこかひとつの国の文化を全員に強いることはしません。その代わり、どんな文化の人でも、絶対に共通して認め合うことができるような単純なものをコミュニケーションの基礎とします。

絶対的に共有して認め合えるものこそが、論理（ロジック）と数字です。英語ができなくても、相手が何を考えているのかわからなくても、論理と数字は伝わります。

よく「多文化で仕事をするには相手の文化を理解することが必要だ」と言われます。たしかに、1対1で相手を理解するときはそうなのでしょうが、その理解すべき文化が4つも5つも入り混じっていたら、そもそも合わせようがありません。ポイントは、文化のような差が生じやすい高度なコミュニケーションを、あえてとらないことです。これを文脈が低いという意味で「**ローコンテクスト**」と言います。たとえば、世界の誰でもわかるテーマ、愛、家族、正義などを扱うハリウッド映画はローコンテクストです。

違うところ、理解できないところは、合わせるのではなく、そのままにしておく。それが多様性というものです。そして、理解できる共通の言語は何かを探って、それでコミュニケーションをとります。ビジネスの世界では、それは論理と数字なのです。

日本企業で働くときも論理と数字でコミュニケーションをとる

ダイバーシティとは、バックグラウンドの違う人たちのさまざまな違いを認め合うことです。

日本の社会では、過去の価値観に全員が合わせるようなことが行われたり、もしくは、新しい価値観のほうに合わせたり、とかくひとつのものに統一しようと考えます。しかし、これだけ多様化が進んだいま、たとえ日本人同士でも働き方や価値観を合わせることはもはや無理だ、という前提に立ったほうが、お互いによいのではないでしょうか？

全員が納得のいくローコンテクストなルールや基準だけを掲げて、論理と数字でコミュニケーションをとる。**すでに日本国内でも、多国籍企業のようなコミュニケーションが必要とされる時代がきているのです。**

☑ **多国籍のチームでも日本の企業でも働くときは、違うこと、合わせられないことはそのままにしておく。共通の言語である、論理と数字で話す**

すべての人の共通語は「論理と数字」

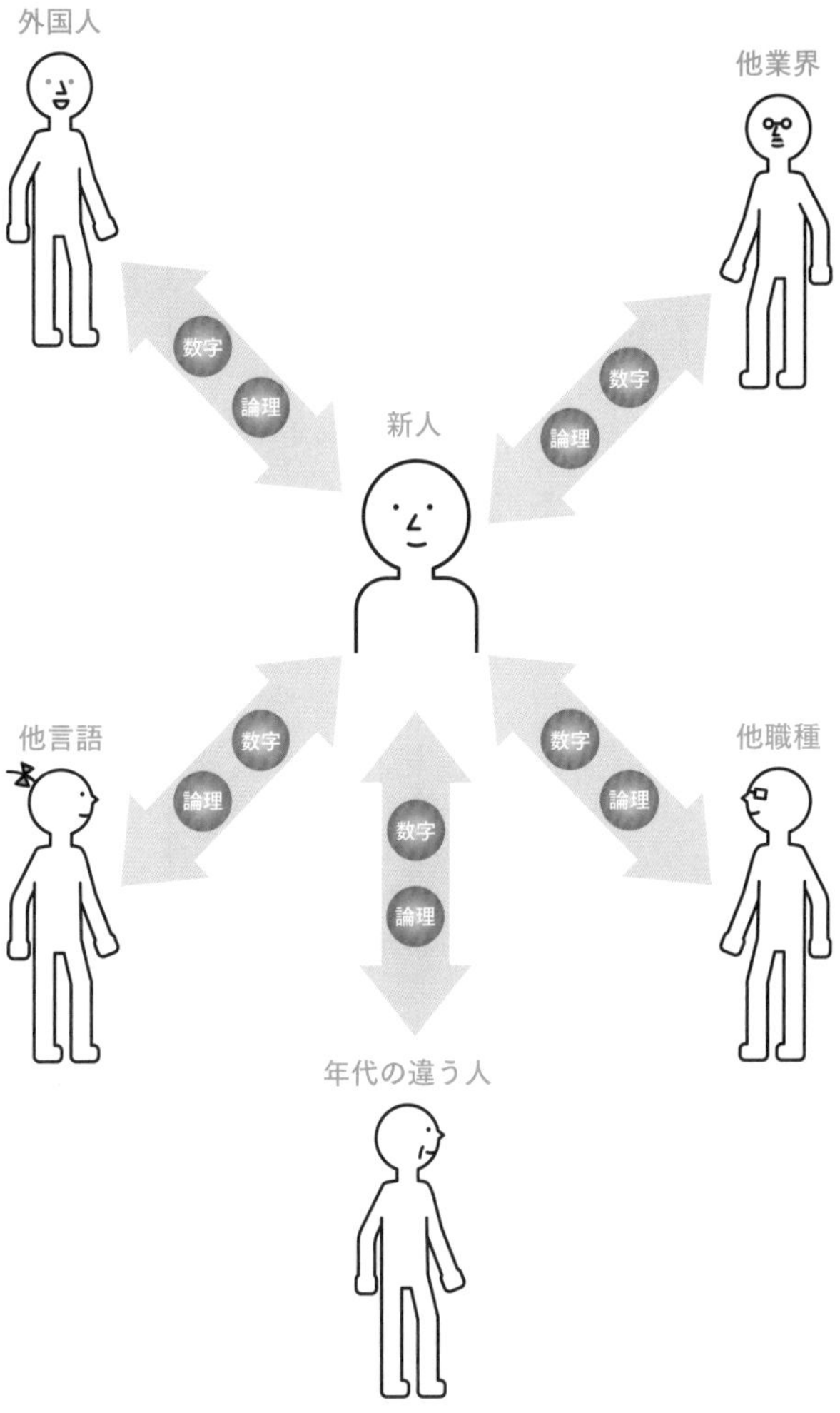

7

感情より論理を優先させる

重要度

難易度

ここまで、論理と数字で話す大切さを述べてきました。すると、反論として、本当の意味で人が動くのは、理屈ではなく感情からではないか、という声が聞こえてきそうです。

たしかに、ロジカルなイメージのあるコンサルタントといえども、ベテランともなると、ときに感情に訴えたり、想いを伝えたりと、感情的な面を強調して話すことも少なくありません。人を動かすことのできる本当に説得力のある話は、論理面と感情面、どちらも高いレベルで完成されているものです。

それでも、あえてわたしがここで、論理、論理、と言っているのは、**もし論理と感情、どちらを優先して身につけるべきかと、若い人に聞かれたら、やはり論理を優先すべきだと答える**からです。

今回わたしが取材させていただいたコンサルタントの一人であるアーンスト・アンド・

ヤング・アドバイザリー（2014年原著発売当時）の奥井潤さんも、「新人ならば、まず、論理を優先して話すことを身につけなさい。**感情や熱意で押していくことは、ベテランになってからでも間に合う**」

と言っていました。なぜなら、「クライアントは、非常に賢い」からだと。

感情で説得しようとする若者は信頼されない

企業での第一線でビジネスをやっているような人は、たとえ伝統的な、いかにも日本的なビジネススタイルで仕事をしているように見えたとしても、若い人が思うよりずっとずっと合理的です。

論理が通っていないことを熱意で押したり、ちょっと曖昧なことがある部分を感情で説得しようとしたりしても、それがすぐに見抜かれてしまいます。そして、そのような態度をとる人は信頼されません。

まず筋が通っている話をもっていかないと、相手は話を聞いてすらくれません。

論理をおろそかにして熱意や感情だけで突っ込んでいくと、相手が経験豊富であればあるほど、うまくいかなくなるのです。

大企業はもちろん、どんなに小さな企業でも、経営者に近い立場の人ほど、より数字で物事をとらえ、合理的に判断しています。

経営者は、当然誰よりも成果に責任をもっています。ですから、厳しい議論でも筋が通っていて成果につながるものならば、意外なほど耳を傾けてくれます。

責任ある立場の人ほど、数字と感情の区別がつきます。

最終的に納得してもらうためには、論理にプラスして、感情的な面でも優れている必要があるのはたしかです。もちろん最終的にはそこを目指すべきですが、新人が情に訴えるのは十年早いということです。まず、話に筋が通っていなければ、話自体を聞いてもらえない。スタートラインにすら立てないのです。

- ☑ **論理さえ通っていれば上の立場の人も耳を貸す**
- ☑ **筋の通った話ができなければスタートラインにすら立てない**

論理と感情の違い

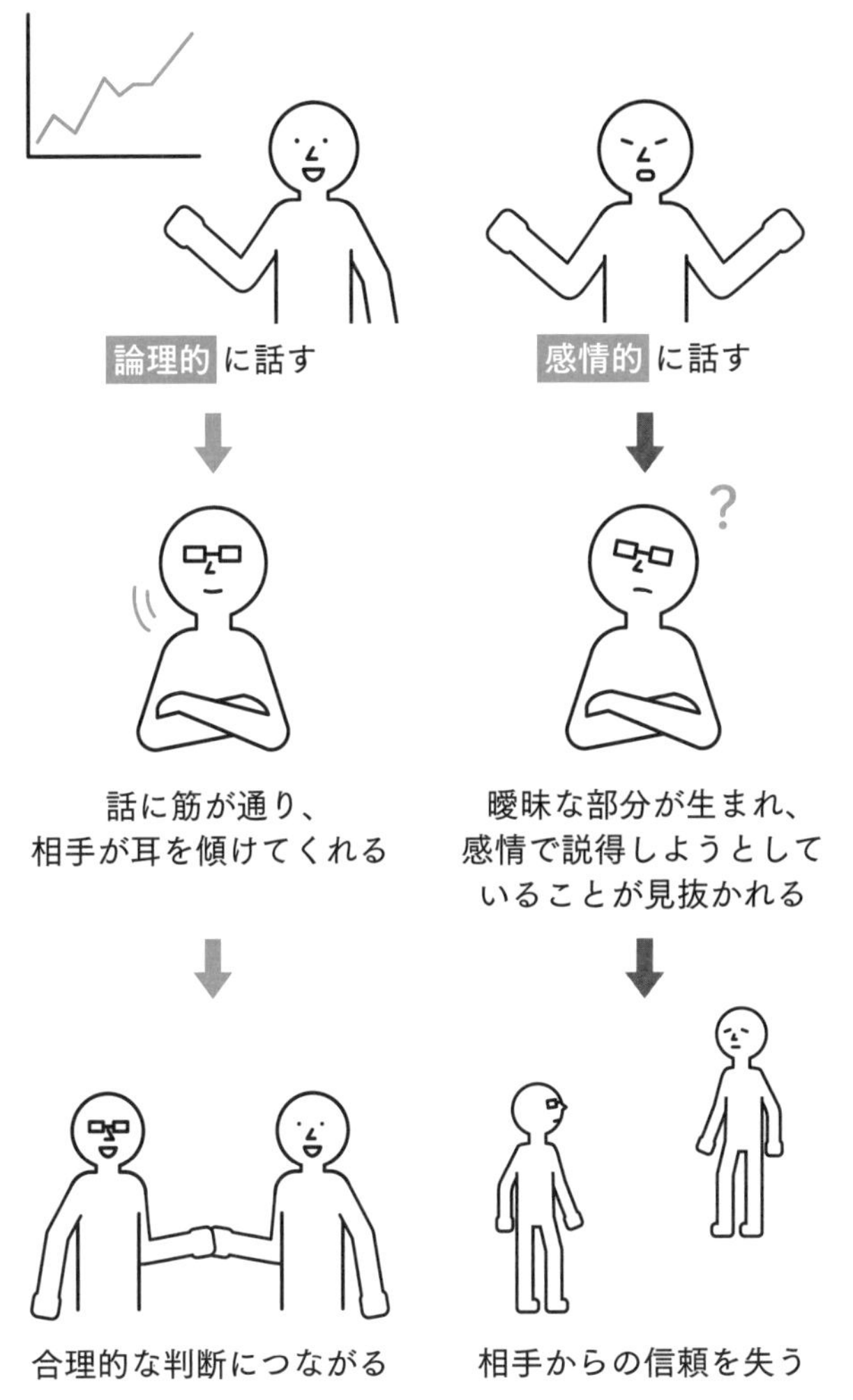
論理的に話す
話に筋が通り、
相手が耳を傾けてくれる
合理的な判断につながる
感情的に話す
?
曖昧な部分が生まれ、
感情で説得しようとして
いることが見抜かれる
相手からの信頼を失う

8

前提から話す

重要度

難易度

多くのコンサルタントから経験談を聞くと、「相手に理解してもらえるように話すスキル」を、筆頭のスキルに挙げた方が何名もいらっしゃいました。そして、それを身につけるためにみな、新人時代に少なからず努力したと言います。前述の奥井潤さんが教えてくれたのは、事前に、**あえて、テーマが全然わからない人に説明してみる**という方法です。

たとえば、自分の家族を相手に、「こういうゴールがあって、こういうことを提案したくて、こういう筋道で説得したいんだけど、この流れで理解できるかな?」と説明してみるわけです。相手は、もちろんそのテーマについてはまったくの素人ですから、細かいところにツッコミを入れてくるわけではありません。チェックしてもらいたいのは細かい議論ではなく、全体の流れは理解しやすいか、筋は通っているかです。

むしろ知識がない門外漢の人のほうが、細かい前提を知りすぎていない分、きちんとし

たチェックをしてくれることも多いのです。

- なんで、そういうふうに言えるの?
- だったら、こういうことを先に話したほうがいいかもね
- こういうゴールなら、この話が先にきたほうが自然じゃない?

人は案外、自分のことは自分でわからないものです。そのコンサルタント(奥井潤さん)は、ときに家族から根本的な指摘を受けることもあったとのことでした。

このように、家族などに話してみて気づくのは、自分たちにとっては常識だと思っていることでも、相手が同じことを知っているとはまったくもって限らない、ということです。

常識と思っていることでもゼロから話す

わたしの場合、これを理解して実践するのにとても苦労しました。ついつい、このくらいは相手も知っているだろう、こんな簡単なことを説明したら逆に怒られるのではないか、少し高度な話をしたほうが、相手も満足するのではないか、といった考えからどんどん小難しい話をしてしまっていました。わたしがはじめて行ったロジカルシンキングのセミ

ナーは、いま思い返しても散々なものでした。アンケートの感想は「まったくわからない」「もっとやさしく話してほしい」ばかり。これには、本当に落ち込みました。

以来、「相手はそのテーマについて何も知らない」という前提で話すことにしています。つまり、**ゼロから話す、ということです。ゼロから話すというのは、本当に「そもそものところから話すということ**です。

たとえば、学生にはおなじみの「プレエントリー」「エントリーシート」「GD」といった用語。ふだん学生同士で話していると、「そんなこと世の中の誰もが知っている」と思いがちですが、そうではありません。あなたが学生以外の人に就活について話すなら、「学生の就職活動は一般的に、プレエントリー、本エントリー、エントリーシート提出、筆記テスト、グループ選考、個別選考、最終選考、内々定といった8つのステップがあります」というように、相当基本的なところから話をはじめる必要があります。

- ☑ **知識がない人に説明して、理解してもらえるかどうか試す**
- ☑ **「世の中の誰もが知っている」という思い込みをなくす**

前提となる「そもそも」から話すことの例

前提 誰もが知っていると「思い込んでいる」こと

学生の就職活動には、プレエントリー、本エントリー、エントリーシート提出、筆記テスト、グループ選考、個別選考、最終選考、内々定の8ステップがある

基礎知識 話している本人が思う基本的な知識

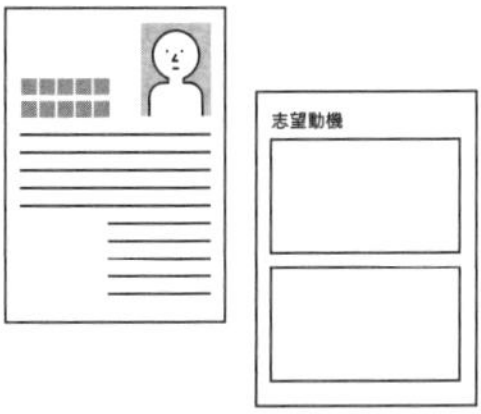

エントリーシートは、企業の採用ページや就活ナビサイトなどを通してネットで提出することが多い。企業によっては、郵送で送ることもある

伝えたいこと 自分の伝えたい話のポイント

エントリーシートをどのように書けば企業側からの印象がよくなるかというと……

9

相手の理解度を確認しながら話す

重要度

難易度

相手が何も知らないという前提で、話す内容を組み立ててきた！　準備は万端！　と思って話しはじめたものの、さて、本当に通じているのだろうか？　このまま話して、納得してもらえるのだろうか？　不安になるものです。

もし、途中で、話が通じていないと気づいたら、その場で言葉を補っていく必要があります。ここで、もし相手が、その場で、「ここがわからない」などと指摘してくれたり、質問したりしてくれればいいのですが、日本人は、質問するのは失礼だと思っているのか、たとえわからなくても、面と向かってわからないとはなかなか言ってくれません。

実際、一見、理解しているように見えても、実はまったく理解していないことのほうが多い、というのが実感です。あるコンサルタントは、新人時代に、用意した資料を自分のペースでどんどん説明して、終わってみたら相手が何も言わなかったので、「理解してもらえた」と勘違いしてしまったと言います。

プレゼンや説明というのは、する側にとってはちゃんと資料をつくって準備したものですし、だからこそ「筋も通っていて、何度もチェックした完璧な資料だから、きっと相手もすんなりと理解してくれるだろう」とつい思ってしまいがちです。その結果、一方的に自分のペースでどんどん喋ってしまうものです。

でも、聞き手はそれについていけずに、何がわからないかもわからないまま「無言」になってしまうことが少なくありません。もし、**相手が無言でいたら、それは理解しているからではなく、理解していないサイン**だと思っておいて間違いないでしょう。

相手の仕草を観察して、理解度を察知する

「無言」かどうか以外にも、相手の理解度を推し量る方法はあります。

まずは**本当の基本のところから話してみて、相手の様子を見てみる**。もしウンウンと頷いているなら、もう少し先に進めるということです。相手が基礎的なことはわかっているようなら、そこを飛ばして先にいけばいい、ということになります。

相手の理解度を測るには、相手の仕草をひたすら観察することです。たとえば、相手が資料をめくるスピード。自分が1枚資料をめくって次に進もうとしたとき、まだ前のページをちらちら見ているということは、何か理解できていないことがあるということです。

一方で、ドンドン先のページをめくって読み進めているような人は、説明に退屈していて「要点を話してほしい」と思っているかもしれません。

こちらを見ようとせず、隣の人の顔を見るというのは理解していないサイン。資料を何ページも前にめくって確認するのも、同様です。また、「だいたいわかりました」「およそわかりました」という曖昧な返答は、まったく理解できていないというのと同義です。

一朝一夕にはいかないと思いますが、**相手の理解度を示すようなサインを意識的に拾って、説明のペースを落としたり速めたり、わかりにくいところを再度説明したり**と、臨機応変に行えるようになれば、あなたもプレゼンの上級者です。

- ☑ **無言は理解ではなく、「わからない」のサイン**
- ☑ **相手の理解度を示すようなサインを意識的に確認する**

相手の理解度を示すサイン

○ 理解しているサイン

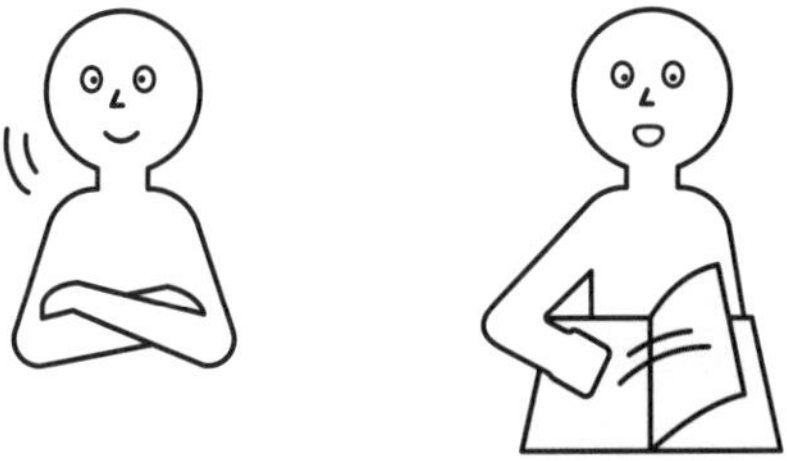

頷いている

ページをめくって
読み進めている

× 理解していないサイン

隣の人の顔を見る

返答が曖昧

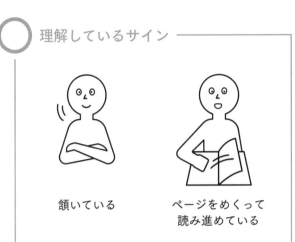

10

相手のフォーマットに合わせる

重要度

難易度

伝える側が伝えたいことを「伝えた」と思っていても、相手に理解され、受け入れられなければ、伝わったことにはなりません。相手が本当に理解し、受け入れてくれてはじめて、「伝わった」と言えるのです。先の項でもご紹介した奥井さんから聞いた究極の伝え方をご紹介しましょう。それは、**徹底的に、相手の土俵に合わせる**というものです。

奥井さんは、調査レポートを書いていました。そのレポートは、単にクライアントに報告するだけではなく、そのクライアントが、それを自分で使って、他の部署の人にも説明するためのものでもありました。つまり、クライアントの社内文書も兼ねていたわけです。

そのとき、奥井さんは、クライアントが過去につくった資料を徹底的に読み込み、説明の順番や流れ、視点にいたるまで徹底的に洗い出し、そのクライアントの資料のつくり方の特徴を見つけ出しました。つまり、**クライアントの思考のパターンを学んだ**のです。そして、それに沿って、なるべくそっくりに資料をつくりました。

こだわりはこれだけではありません。見出しのつけ方や、使っているフォント、色使いといったフォーマットもすべて相手のものに合わせました。

クライアントが、**社内に説明している様子を思い浮かべて、ここはこういう順番で、こういうたとえを使って話すだろうな、というところまで想像**したそうです。

相手に理解されて、はじめて「伝わる」。そのためには、**相手の言葉遣いや考え方までも理解して真似る**姿勢が必要なときもあるのです。

社内用語、社外用語を明確にし、相手の使う言葉に合わせる

相手のフォーマットと土俵に合わせるうえで、相手と言葉を合わせることもかなり重要です。学生が社会人になって最初に知らなければならないことのひとつは、社内用語、業界用語だと思いますが、同じことが、商談の相手の会社を理解するうえでも必要になってきます。なぜなら、**社内用語にこそ、その会社の独自の考え方が反映されている**からです。

入社一年目の人なら、まずは、自社の社内用語を理解する必要があります。同時に、そ

れが社外でも通用するものなのかどうかを知り、社内用語、社外用語をはっきりと区別するのです。それを意識することによって、あらためて、自分たちがどういう考え方をするのか、他人はどう考えるのか、ということを客観的に見ることができるようになります。

一般に使われている用語でも、その社内独自の意味で使っている場合もあるので注意が必要です。たとえば、わたしが入社した会社では、コンサルティング・プロジェクトのことを、「ジョブ」と呼んでいました。「ジョブ」といったら、ふつうは仕事のことです。他社の人は、決してコンサルティングのプロジェクトのことだとは思わないでしょう。

これは完全にその会社独自の用語で、同じコンサルティング業界ですら通用しません。他社は単に「プロジェクト」とか「ケース」と呼ぶようです。

何が社内用語で、何が社外用語かがわからない場合は、グーグルで検索するのがいちばん早いでしょう。その用語が一般にはどのように使われているのかがすぐわかります。

☑ 文書は、相手の用いるフォーマットに合わせて、作成する
☑ 言葉を相手に合わせることとは、相手の考え方を理解すること

相手の思考に合わせてアウトプットする

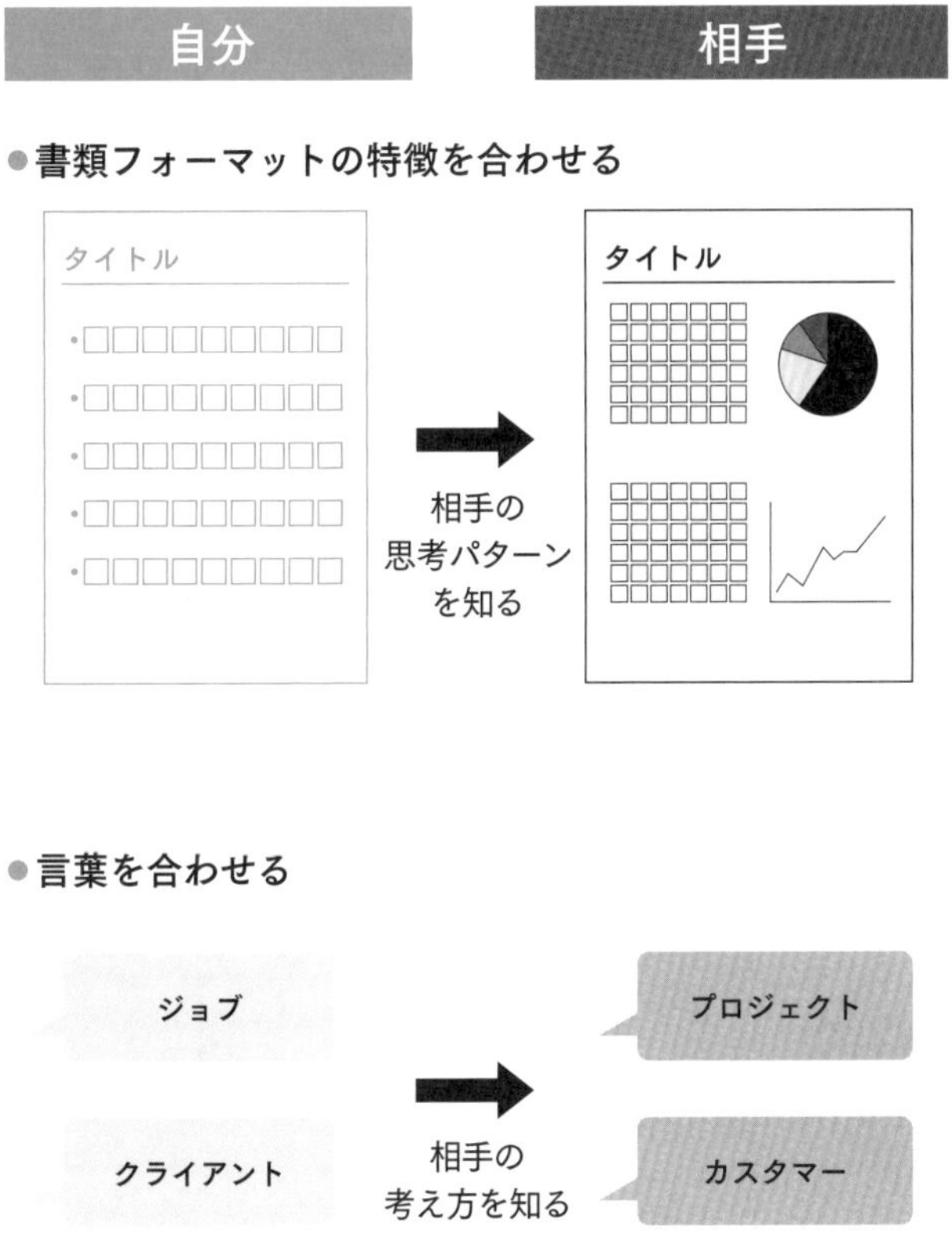

11

相手の期待値を正確に把握する

重要度

難易度

「ビジネスをするうえでいちばん大事なものは何か?」

こう問われたら、あなたはどう答えますか? やりがいとかお金とか、そんな個人的なことを聞いているのではありません。どうしたら、常に評価と信頼を得られて、次にも仕事がくるようになるのか、という問いです。

取材を通して、多くのコンサルタントにこの質問をしてみたところ、なんと全員の答えがずばり一致しました。

それは、**「相手の期待値を超え続けること」**です。

「ビジネスというのは、突き詰めると、相手の期待値を、常に超え続けていくことにほかならない。顧客や消費者の期待値を超え続けていくこと。上司の期待値を超え続けていくこと」

これこそがビジネスにおけるいちばんの秘訣です。

相手が何を期待しているかきちんと把握する

具体的には、どういうことなのでしょうか？

あるコンサルタントの方の、新人時代の強烈な体験を通して説明しましょう。

「そんなこと、1ミリも頼んでない！」

彼は、コンサルタント一年目にマネジャーから激怒されました。その理由が、「ていねいな仕事をしてしまった」からだと聞いたら意味がわからないかもしれません。でも、怒られた。どういうことでしょうか？

彼は、一年目で配属されたプロジェクトで、あるサービスの市場規模を算出することに取り組んでいました。この仕事において、クライアントが最終的に知りたいことは単純で、そのサービスの市場規模の金額そのものでした。それを正確かつ合理的に算出するというのが、彼のミッションでした。

しかし、彼はサービス精神から、市場規模の数字以外にも、関係者に行ったヒアリングの議事録を書き直し、ていねいにファイリングして、正月を返上して自分なりに働きました。非常に前向きな努力です。しかし、正月休みにつくった渾身のファイルを上司に提出して言われたのが先ほどの言葉だった、というわけです。

「そんなこと、1ミリも頼んでない。それより、市場規模の算出を進めるように。きみがやっているのは単なる無駄。事実、正月休みだってなくなったじゃないか。そんなことして（過労で）倒れてしまっては元も子もないぞ」

彼はその考え方の違いに、ショックを受けたと言います。

たしかに、クライアントが求めているのは、市場規模を出すことでした。

数字の精度を上げる方向の努力なら喜ばれもするでしょうが、本筋と関係ないおまけをくっ付けたところで、クライアントからしたら、どうでもいいこと。クライアントの立場に立ってちょっと考えてみれば、わかることです。

求められていないことに時間を使っても、クライアントからも上司からも評価はされないのです。

☑ 相手が何を期待しているのかを正確に把握する
☑ そのうえで相手の期待を超えること

相手の期待する内容を把握する

12

常に期待値以上の成果を出し続ける

重要度

難易度

コンサルタントというのは、基本的にはサービス業です。その基本は、相手のニーズを聞いて、それに応えていくことにあります。ですから、クライアントが何を求めているのかを把握することが、まず、何よりも大切です。

そして、**求められている中身がわかったら、次はそのレベルにおいて、何がなんでも相手の期待値以上の成果を出す**。これが、ビジネスのすべてです。

先ほどの例（53ページ参照）では、「市場規模の数字を出すこと」がクライアントにもっとも求められていることでした。それ以外は、さほど期待されていません。では、この中で、どうやったら「相手の期待値を超え」、相手の満足を得られるのでしょうか?

市場規模の数字に関して100%の答えを出すこと。これが最低ラインです。もしここが90%の出来なら、その仕事は失敗です。

いくらおまけを付けて取り繕っても、全体の評価は決してよくなりません。

逆に、そこさえちゃんと100%の答えをもっていけば、極論を言えばほかのことはゼロでも構いません。相手は期待していないのですから。

- 相手のニーズ、つまり、それぞれにどういう成果のクオリティを求めているのかをきめ細かく把握すること
- ビジネスというのは、その期待値のちょっと上を常に達成していくこと
- 相手の期待値がどこにあるのかを見極めて、絶対に外さない。そこだけは、相手の期待値を上回る120%のものをもっていく

多くのコンサルタントが語るビジネスの秘訣、それはつまり、相手の期待値を測り、いちばん重要な部分で期待値を超えていくことです。

期待値を満たせないものは安請け合いしない

相手の期待がどこにあるのか、どの程度までのものであるかを把握するためには、そのためのコミュニケーションが重要になってきます。

一方で、ときには、相手の期待値そのものをマネジメントする必要がでてきます。

つまり、期待値を下げてもらうのです。

たとえば、相手がすべてにおいて100%を期待しているような場合。自社のリソースをはるかに超えるものを、実現不可能な期日とコストで求められるような場合。

こうしたとき、決して安請け合いをしてはいけません。

常に、相手の期待値のちょっと上をいくことがビジネスの基本である以上、どんなに努力したところで、相手の期待値が絶対に超えられない、とあらかじめわかっている案件は受けるべきではありません。

そういう場合は、**本質的でない部分については期待値を下げてもらうように、事前にコミュニケーションをとっておくことも必要**です。

これが、期待値のマネジメントです。

☑ **相手の期待値のちょっと上を常に達成していく**
☑ **ときには、相手の期待値を下げる、期待値のマネジメントも必要**

相手の期待値を上回る

期待値を上回る

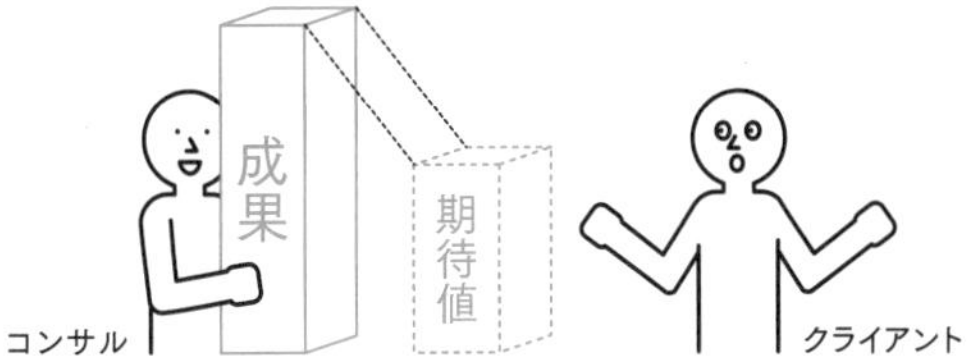

求められている中身がわかったら、
何がなんでも相手の期待以上の成果を出す

期待値をマネジメントする

①成果の質を把握する

相手がどんなことを求めているのかをきちんと把握する

②期待値を下げてもらう

本質的でない部分に関しては期待値を下げてもらうよう事前にコミュニケーションをとる

③安請け合いしない

相手の期待値が絶対に超えられない、とわかってる案件は受けるべきではない

13

上司の期待値を把握する

重要度
難易度

前項で、期待値を把握するという話をしました。若い人、**特に一年目にとっては、「上司の期待を超え続けていくこと」が重要**になってくるかもしれません。言われたことを言われたように100%できて当然（それすらできない人が現実にはほとんどなのですが）。そこを少しでも超えていくように日々努力することで、成長は驚くほど早まります。

多くの会社で、新人が最初に言われることのひとつに、「報連相《ほうれんそう》」というのがあると思います。「報告・連絡・相談」の略です。わたしの考えでは、単なる情報共有のためだけの報連相は無駄です。なんでも報連相したところで、上司も煩わしいだけです。**報連相では、上司と部下が仕事の目的と内容について、「共通の理解を得る」ことが重要**です。

部下が上司から仕事を受けるときには、次の4点をしっかり確認すれば、上司の期待値を把握できるため、「期待値のマネジメント」が可能になります。

・その仕事の背景や目的
・具体的な仕事の成果イメージ
・クオリティ
・優先順位・緊急度

仕事の背景と目的、期待される成果物のイメージを明確にする

まず、その仕事にある背景や目的について、あらためて確認します。

たとえば調べものの依頼で目当ての事例が見当たらない場合でも、目的や背景を事前に聞いていれば、その目的を満たす別の調査結果や事例を提示できるかもしれません。

多くの仕事の指示は曖昧です。だからこそ、上司が求めているものが何なのか、成果物のイメージレベルも聞き出せれば、それだけで仕事は成功に近づきます。たとえば、

「A社の新サービスだけれども、まずはざっくり調べておいて」

といった指示があったとしましょう。かなり曖昧な指示です。これに対して、

「はい、ざっくりやっておきます」

と答えるのは最悪です。「ざっくり」のレベル感が合わなかったら、おそらく、あとで怒られるうえに、作業に後戻りも発生してしまいます。かと言って、

「ざっくりってなんですか？　もっと指示を明確にしてもらわないとできません」

というのも、これもまた最悪です。単なる受け身で、問題解決の力がない人だと思われてしまうでしょう。**相手の指示の曖昧な部分を補い、こういうことではないかという自分なりの仮説を立ててコミュニケーションをとる**、これが正解です。たとえば、

「ざっくりというのは、わたしなりに、①おもなターゲット、②サービスの特徴と競合との差別化要因、③価格体系、④提供体制、その4つくらいだと思っていますが、それぞれ資料1枚、表紙をつけて合計5枚ぐらいでまとめればいいでしょうか」

といった具合です。それぞれ資料「1枚」、表紙も含めて計「5枚」のように、**数字で示す**ことも重要です。成果がイメージできるよいコミュニケーションとなります。

☑ **仕事の背景と目的を明確にする**
☑ **相手の指示の曖昧な部分を補い、補足する**

期待値のマネジメントのための4つの確認事項

仕事の背景や目的	上司の中には、面倒なのでいちいち言葉にするのを避ける人もいるが、確認しておくとあとあとズレがなくなる。
具体的な仕事の成果イメージ	上司が求めているものが何なのか、成果物のイメージレベルも聞き出せれば、それだけで仕事は成功に近づく。
クオリティ	相手の期待するクオリティを把握した上で、それ以上のクオリティの成果物をもっていくと評価が上がる。
緊急度・優先順位	緊急度の高い仕事は締め切りに間に合うことが最も大切。別に命じられている仕事とバッティングした場合は、優先順位を上司同士で話し合ってもらう。

14

上司の期待するクオリティを超える

重要度

難易度

クオリティは、期待値にもっとも関係してくる部分です。上司は、どのくらいのクオリティのものを求めているのか？

前項のコミュニケーションでは、それぞれの点について、資料1枚と言っています。資料1枚というのは、本当にざっくりとした概要を伝えるといったレベルです。ここで上司が、「いや、それぞれ3、4枚にはなるんじゃないか」と答えたとしたら、ざっくりと言いながらも、それなりに細部までしっかり調べてくることを期待していることがわかります。項目数を尋ねてみるのもいいでしょう。4項目程度でいいのか、それとも10項目にわたって、詳細に調べるのか。それによって、相手が求めるレベルがわかります。

さらに、資料の作成目的によっても、レベル感は推し量れます。顧客に提出する資料など に盛り込むような正確さが要求されるものなのか、それとも社内会議のための資料なのか、はたまた、上司の頭の中に参考としてインプットするためのものなのか。それぞれで達成すべきクオリティのレベルは違います。

スピード感についても、時間をかけても100%正確につくるべきものなのか、それとも、明日の会議で使うから期限のほうが大事なのか、そこからも期待されるレベル感がわかります。3日で100点を求めているのか、3時間で60点を求めているのか。事前にしっかり確認しなければ、上司の期待を満たすことはできません。

そうして**期待値を把握したうえで、その期待以上の成果物をもっていく**のです。期限を優先している場合は、当然何があっても、時間厳守です。

優先順位と緊急度を把握する

スピード感、すなわち、**優先順位、緊急度を把握することは、相手の期待に沿うという意味で、とても大事**なことです。

いつまでに必要なのか。1日か、1週間か。それとも、手が空いたらできればやってほしいくらいなのか。

また、その締め切りは絶対なのか、もし締め切りを過ぎたら用をなさなくなるものなのか。それとも締め切りは、あくまで完了してほしい目安を意味しているのか。

さらに、**別に命じられている仕事や自分のルーティンの仕事がある場合、どちらを優先させるかを確認することも重要**でしょう。特に、命令系統が複数にまたがっていて、別の人からも緊急の要件を依頼されている場合など、自分では判断できませんから、上司同士で話し合ってもらう必要が出てきます。**新人の場合、自分で判断しない**ことが重要です。

「期待値のマネジメント」はコンサルタントだけでなくすべての仕事において大切です。仕事には、なんらかの相手が存在します。その相手の期待値を把握して、それに常に応えて、ときに上回るようにしていくこと。これによって、あなたの評価は着実に高まります。そして、**期待値が把握できれば、無駄な労力をかけずに相手が満足する仕事ができる**ようになりますので、結果的に仕事の効率も上がっていきます。

☑ 資料作成は目的やスピード感でクオリティを推し量れる
☑「期待値のマネジメント」はすべての仕事で大切

相手の求めるクオリティの判断基準

資料の枚数

資料1枚なら概要、数が多ければ細部まで調べることを期待されていると予想できる

資料作成の目的

社内会議用であれば数値はあくまで参照程度かもしれないが、顧客に提出する資料ではより正確さが要求される

スピード感

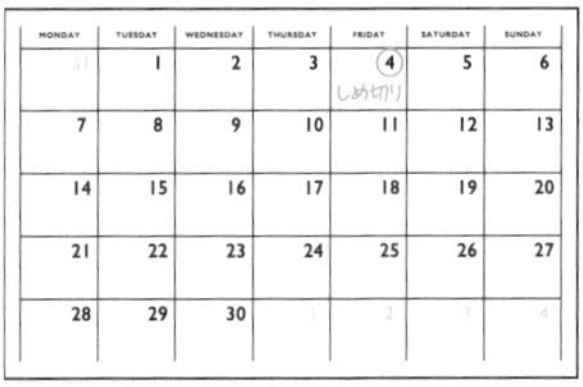

時間をかけてでも100％正確につくるべきか、それとも期限のほうが大事なのかを確認する

優先順位

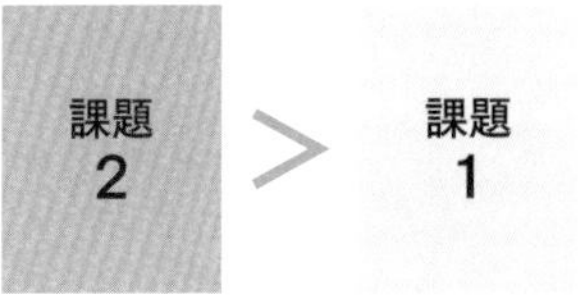

別に命じられている仕事がある場合、どちらが優先なのかを確認する

CHAPTER

2

コンサル流
思考術

15 「考え方を考える」という考え方

重要度

難易度

「考え方を考える」ことは、仕事の進め方の基本です。つまり、いきなり作業に入るのではなく、どのように進めたら求めている答えに行き着くことができるのか、という**「アプローチ」「考え方」「段取り」の部分を最初に考える**。一見遠回りに見えますが、このステップを踏むことで、より効率的に仕事を進めることができます。

わたし自身、コンサルタントになる前から、日常生活の中でそういった段取りを考えたことはあったのですが、あくまでなんとなく考えるだけでした。それを紙に書いたり、他人に説明したりすることがはじめて求められたのは、わたしが最初のプロジェクトに配属されて仕事をしたときです。つまり、わたしが最初にコンサルティング会社で学んだことが、この「考え方を考える」ということだったのです。

作業をはじめる前に、手順を考える。その段階で合意を得る

わたしが配属されたのは、ある学校法人（大学）の実行支援プロジェクトでした。新人の本当に最初の仕事だったので、トレーニングを兼ねてか、簡単な資料づくりを任されました。高校の訪問スケジュールをつくるというものでした。

具体的に決まっていたのは、その大学に進学してもらえるよう、「ターゲットとなる100校以上の高校を訪問する」ということです。その訪問スケジュールをつくることが、わたしの初仕事だったわけです。さて、「わかりました！」と安請け合いしたわたしは、とにかくスケジュールをつくりはじめました。地図や高校のリストを集め、電車の時刻表などを調べようとしたところ、そもそも、車で行くのか電車で行くのかを確認していなかったことに気づきました。マネジャーに聞きに行くと、こう言われたのです。

「大石さん、ダメですね。**いきなり作業に入らないで、まずは考え方を考えて**ください」

考え方を考えるとは、別の言い方をすると、**どのように考えたら答えが出るのか、その道筋をまず考える**ことです。

先ほどのスケジュール作成の例で言えば、どのような手順でつくったら抜け漏れなく、

納得のいくスケジュールができるのか、その手順をまずは示す必要がありました。**最終の成果物を見せて相手に納得してもらう前に、手順の段階でも合意をもらう**ということです。

建築で言えば、建てはじめる前に、手順も含めた詳細な設計図と工程表を提示します。そこで施主《せしゅ》の合意を得てはじめて着工するわけです。建築の場合、建てはじめてからの設計変更は難しく、原則として後戻りはできません。

それに比べると、高校訪問のスケジュールは多少の後戻りはできますが、トレーニングとして、こういうものであってもはじめに作業の設計をして手順の確認をとりなさい、ということを教えてくれたのでしょう。

まず大きな設計図を描いて、そのあとに細部に落とす、というコンサルの思考法を、このときあらためて実感しました。

☑ 仕事は次の順番で進める
1 大きな設計図を示し、手順についての合意を得る
2 手順に基づいて、細部の作業を進める

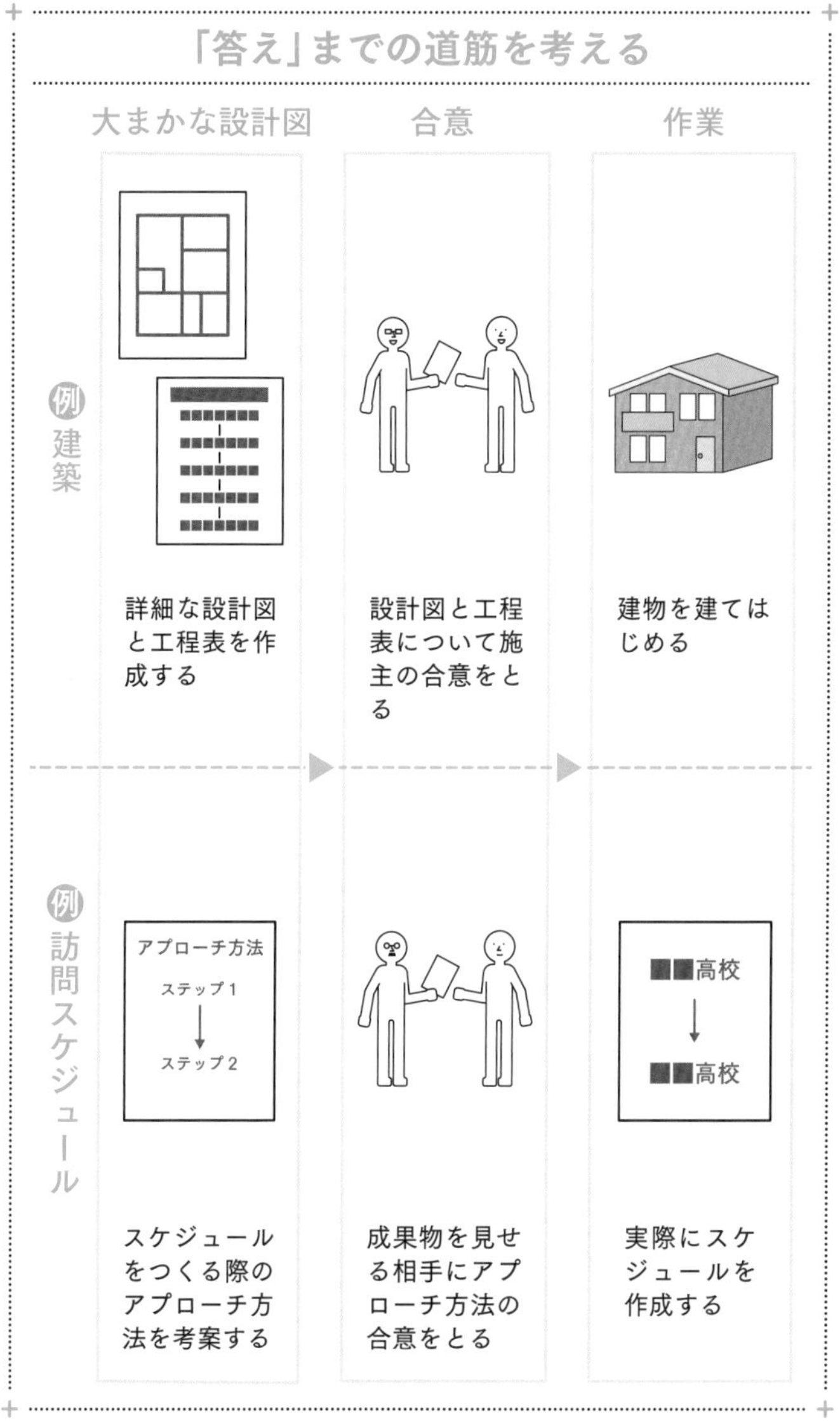
「答え」までの道筋を考える
大まかな設計図
合意
作業
例 建築
詳細な設計図と工程表を作成する
設計図と工程表について施主の合意をとる
建物を建てはじめる
例 訪問スケジュール
アプローチ方法
ステップ1
ステップ2
■■高校
■■高校
スケジュールをつくる際のアプローチ方法を考案する
成果物を見せる相手にアプローチ方法の合意をとる
実際にスケジュールを作成する

16

「考え方を考える」の具体例とメリット

重要度

難易度

コンサルティング会社の仕事は、まずクライアントにどんな成果をもたらすことができるのか、という提案書をつくることからはじまります。あるとき、わたしもこの提案書作成を手伝うことになりました。

コンサルティングというのは、やってみないと何が出てくるかわからないサービスの最たるものです。最終報告書がどういうものになるのかは、提案の時点では、まるでわかりません。それなのに、いったいどうすればコンサルティングを依頼する企業に、お金を出そう、と決めてもらえるのか。それが不思議でした。

実はこの提案書作成こそが、「考え方を考える」という作業そのものでした。コンサルティングの提案書は、具体的な内容には踏み込まず、プロジェクトをどのような方法で進めるかだけを示したものだったのです。

つまり、**こういう考え方を使ってこれらの要素を調べていったら、その問題が解決できる**、という手順です。

実際に作業手順を考えてみよう

たとえば、先ほどの「生徒を募集するためのマーケティング」という提案書には、次のようなことが書かれています。

①まずはマーケティング活動の目的とゴールを確認して合意しましょう。
②次に、大学出願動向を調べます。具体的には、全国をエリアと偏差値に分け、どの生徒がどこからやって来ていて、結果はどうなのかを分析します。
③貴学の出願者と合格者についても同様の分析をします。
貴学出願者の出身エリアと合格者・入学率を分析し、同偏差値の競合校と比較します。
④全国の動向、競合の動向、貴学の動向の3つから、
貴学の入学者が減少している本当の原因を突き止めます。
そのうえで、報告会を開き、今後の方針を検討します。（中間報告）

⑤今後ターゲットとすべきエリアや高校を決めます。
⑥以上を2ヶ月半で行います。費用は○○○。

これを読むと、なるほど、そういう手順を踏んで、そういう分析をしたら、たしかになんらかの有意義な結論が出そうだと思えます。そこで、では、この手順で検討をしてほしい、という合意をとるのです。これがコンサルティングの受注にあたります。実際の作業やリサーチをするのは、受注したあとです。

こういうやり方をとるメリットは次の3点です。

- 作業の全体像が見えるので、完成までの道筋がわかり、安心感が生まれる
- 関係者同士で手順やアプローチ方法を合意しておくことで、やっぱりこっちをやってくれというあと出しの要求やどんでん返しがなくなる
- 事前に、作業の難易度や作業量の見積もりができる

☑「考え方を考える」作業は問題解決の全体像を設計すること
☑全体像が見えれば仕事が見える化され、進め方や難易度もわかる

作業手順を考える練習問題

Q. 3人で海外旅行に行くとします。どういう手順で旅行先を検討したらスムーズに決まるでしょうか？

〈解答例〉

❶日程の合意を得る

休みが取れる人をすり合わせて、旅行の日程を決める

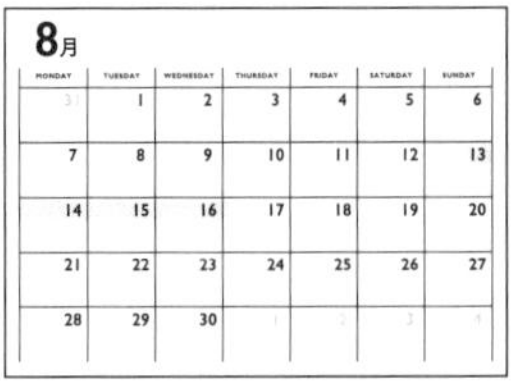

❷どこに行くかを考える

休暇日程で行くことができそうな国を10個挙げて、それぞれの国で何ができるか簡単にリサーチする

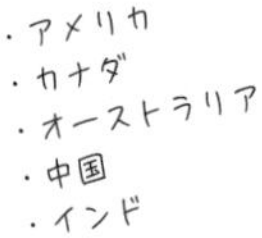

❸評価会を行う

観光・グルメ・アクティビティ・費用の４つの視点から評価する表をつくる

	観光	グルメ	アクティビティ	費用
アメリカ	8	6	4	2
カナダ	6	5	8	3

❹旅行先を決める

いちばん評価のよい国に行くことを同意する

17

ロジックツリーの基本

重要度

難易度

コンサルティング会社に入って学べるものの筆頭と言えば、ロジックツリー、構造化、問題解決手法といった、一連のロジカルシンキングや問題解決の手順です。

わたしがロジックツリーの考え方にはじめて触れたのは、学生時代でした。大前研一《おおまえけんいち》さんの『企業参謀』（講談社）という本で知ったこの考え方に惹かれ、関連する本を読み漁りました。特に、現在でも古典として読み継がれている『新版 問題解決プロフェッショナル「思考と技術」』（齋藤嘉則 ダイヤモンド社）はロジックツリーと問題解決のバイブルで、わたしは繰り返しこの本を読んでは練習をしました。

ロジックツリーの基本は、コンサルティング会社に入らなくても学べます。というのも、コンサルティング会社で最初に受けた研修も、先ほどの『新版 問題解決プロフェッショナル「思考と技術」』と同じ内容だったからです。

結局のところ、**コンサルタントの問題解決に、何かすごい裏ワザテクニックはありません。とても基礎的な方法論を応用しているにすぎない**ということです。

漏れなく、ダブリなく、論点を洗い出す

ロジックツリーで問題を解決するためには、次の4つを行います。コンサルティングの過程では、これらを精緻に行っています。

①論点を整理・分解する
②各論点について数値分析をする
③項目の重みづけをする
④アクションに落とし込む

大きくて複雑な問題でも、ロジックツリーを使って小さな問題に分解することで、それぞれの論点について議論・分析ができ、全体の答えを出すことができます。

それでは『新版 問題解決プロフェッショナル「思考と技術」』に書かれている「痩せるには？」という例題を引用しながら、さらに説明しましょう。

まず、「痩せるには?」という論点をツリー上に分解していき、漏れなく、ダブりなく、論点を洗い出します。この例では、分解の結果、6つの論点に分解されます（図版参照）。

論点を整理したあと、6つの論点について、数値分析を加えます。「基礎代謝率を上げる」という論点については、たとえば、年齢別の基礎代謝率の平均値を調べて、対象人物の代謝率と比べて向上余地が何%あるのかを調べる。あるいはその人物の筋肉量を調べて、トレーニングで増やすことのできる筋肉量と、トレーニングの時間投入量のようなものをグラフにしてみる、といった形での分析が可能です。

その結果を受けて、「これが、痩せるためにもっとも重要でインパクトがある」と思われるものを、アクション案に落とし込んでいきます。

もちろん、うまく使いこなすためにはトレーニングが必要ですが、手はじめに基本から勉強したいのなら、本でそのエッセンスが学べます。

☑ **ロジックツリーの問題解決は4つのプロセスを精緻に行う**
☑ **ロジックツリーの活用には訓練が必要だが、基本は本からも学べる**

「痩せる」をロジックツリーで分解する

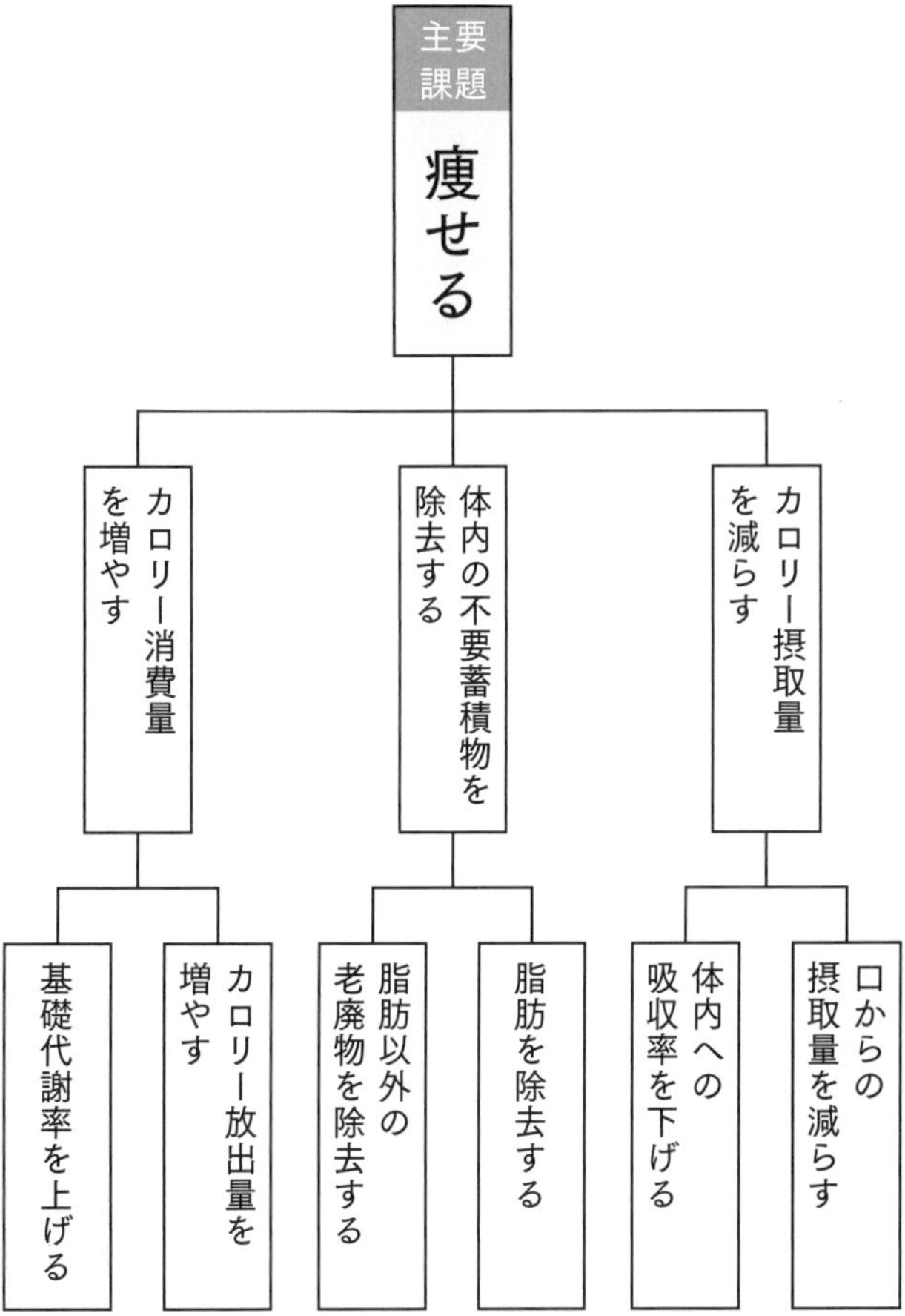

出典：『新版 問題解決プロフェッショナル「思考と技術」』齋藤嘉則 著（ダイヤモンド社）P.93

18

ロジックツリーを学ぶ4つの意義

重要度

難易度

前項のようなロジックツリーのスキルを身につけたいと思っている人も多いと思いますが、そもそも、なぜこれらのスキルを学ぶ意義があるのでしょうか？

コンサルタント出身者の意見を総合すると、次の4点が浮かび上がってきました。

①一生使える

ロジックツリーや問題解決手法は、**時代に左右されないもっとも基礎的なスキル**です。

そして、一度覚えてしまえば一生使えます。繰り返し役に立ち、応用することができます。

わたしが新卒で入社してからすでに20年以上が経っていますが、そのときに書かれた本は、いまも古くなっていません。伝説的なコンサルタントである大前研一さんや堀紘一《ほりこういち》さんが新人だった、さらに15年〜20年前も、コンサルティングは同じ手法を使って行われていました。つまり、30年〜35年間、基本的な方法論は、まったく変わっていないことがすでに証明されています。いまでも問題解決手法と言えばまずはロジックツリーですし、それは今後も変わらないでしょう。

②全体が俯瞰できるようになる

ロジックツリーが描けるようになると、**問題の全体像が見えるようになります**。多くの人は、話を構造化できずに、思いつきでバラバラと議論してしまいがちですが、ロジックツリーが描けるようになると、それぞれの話が、全体の中でどういう位置づけなのかが頭の中で視覚化されます。

その結果、何が大事な話で、何が瑣末な話なのかの区別がつくようになります。全体像からいって、本当に重要な話は何なのか、という判断ができるようになるのです。

ロジックツリーのそれぞれの分岐は同じ重要度ではなく、ある分岐には60％のウエイトがあり、他の分岐は10％や5％だったりします。ロジックツリーに慣れると、その60％なりのウエイトがある、もっとも大事な幹はどれであるかが見極められるようになります。

この重要度の判断ができるようになると、次の2点ができるようになります。

③捨てる能力が身につく

重要度が判断できるようになってくると、いらない部分を捨てて、自信をもって**重要な**

部分にだけフォーカスして時間を使うことができます。重要な部分だけをやって、あとは捨てる。捨てることができると、非常に効率的に、速いスピードで仕事が進められます。

多くの人が捨てることができないのは、捨てる勇気がないのではなく、単に何を捨てていいのかの重要度がわからないからです。どれも大事な気がして、捨てる判断がつかない。だから捨てられない。

捨てるためにはロジックツリーを使い、全体像を描き、幹の部分と枝葉の部分を区別できるようになることが必要です。

④意思決定のスピードが上がる

重要度の判断ができ、捨てることができれば、結果的に意思決定のスピードが飛躍的に上がります。ひとつの事案を何日も検討することなく、一瞬で物事が判断できるようになるからです。そして、その判断も的確なものになるため、**仕事全体の質が上がります。**

☑ **ロジックツリーは一度覚えれば一生使える**

☑ **重要度が判断できるようになるので、意思決定のスピードが上がる**

ロジックツリーを学ぶ4つの理由

❶ 一生使える

ロジックツリーや問題解決手法は時代に左右されないスキルなので、一度覚えれば一生使えます。繰り返し使うと応用も可能になります。

❷ 全体が俯瞰できるようになる

ロジックツリーが描けるようになると、それぞれの話が全体のどこに位置づけられるのかが、頭の中で視覚化できるようになります。

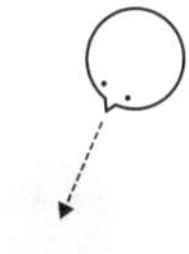

❸ 捨てる能力が身につく

重要度が判断できるようになるため、いらない部分を捨てて、重要な部分にだけフォーカスを当てて考えられるようになります。

❹ 意思決定のスピードが上がる

捨てる能力が身につくことで、結果的に意思決定のスピードが上がり、一瞬で物事の判断がつくようになります。仕事全体の質も向上します。

19

ロジックツリーを使いこなす

重要度

難易度

実際にロジックツリーを身につけるためにはどんな方法があるでしょうか？　現在は事業開発コンサルタントとして、またソプラノ歌手としても活躍する、秋山ゆかりさんが新人時代に行ったユニークな方法をご紹介しましょう。それは、**毎朝、通勤電車の中で、とにかく目に入るものすべてを使って、ロジックツリーを立てる**というものでした。

たとえば、周りの人が読んでいるスポーツ新聞で、「ヤクルト、首位に躍り出る」という見出しが目に入ったとしましょう。そこから「ヤクルトが強くなった理由は何か？」という問いを立て、ロジックツリーを使って仮説をつくる訓練をするのです。

中吊りの広告の見出しも同じように活用できます。見出しには、詳細は書かれていません。ですから、「年100万円を貯める」などの見出しが目に入れば、すぐに「どうやったら、最速で年100万円貯められるのか？」という課題をつくることができます。

これらを、通勤電車に乗っている12分で考えるのです。毎日電車に乗り込むと、最初に目にしたものを題材に課題を考え、手には小さなメモ帳をもって、それに書き留めていく。秋山さんは、2年間、毎日これを続けました。最初は、満足のいくロジックツリーをつくることができませんでした。しかし、半年後には徐々にできるようになり、それ以降は、問いを立てた瞬間に、ロジックツリーの方向性が見えてくるようになったそうです。

よいロジックツリーをつくるためにはフィードバックが必要

課題を漏れなく、ダブりなく分解したり、意味のあるロジックツリーをつくったりするには、適切な指導者が必要です。勉強会などで、若手社会人同士でロジックツリーのトレーニングをする場面を見ることがありますが、成果が上がっているようには見えません。

この手のトレーニングの問題点は、ロジックをつくっている張本人は、自分で間違いに気づくことができないことです。結局、ツリーの問題点や論理のミスは、すでにそれができるようになっている人が指摘してあげないと、何がどう間違っているのかがわかりません。「ロジックツリーをつくる練習をする際の問題点」を、ロジックツリーを使って論理的に整理してみると、「自分一人でのトレーニングには限界がある」というところがもっともクリティカル（重大）な論点になってしまうのです。これは、大きな矛盾です。

その点、コンサルティング会社では毎日の仕事の中でロジックが間違っていればすぐさま直されます。毎日、ロジックツリーを描いては直される日々。ですから、新人コンサルタントも、これらを身につけることができました。

電車の中でトレーニングをしていた秋山さんも、決して自分だけで行っていたわけではなく、先輩コンサルタントに見てもらい、フィードバックを受けていました。

ただ、それも昔の話です。時代は変わっています。なにもコンサルティング会社に入らなくても、こうしたトレーニングを提供するスクールは数多く存在するでしょう。

ロジカルシンキングやロジックツリーは、誰もが身につけられるスキルです。適切な指導と、繰り返しのトレーニングを通じて、あきらめず、地道に身につけましょう。

☑ **課題を漏れなく、ダブりなく分解したり、意味のあるロジックツリーをつくったりするには、適切な指導者が必要**

ロジックツリーを使いこなすためのトレーニング

数をこなす
（通勤時間を有効活用）

先輩から
フィードバックをもらう

仮説を思いついたら
メモに書き留める

スクールに通い
指導を受ける

20

提案の基本――雲雨傘

重要度

難易度

コンサルタント一年目で学んだことの中で、とりわけわかりやすく、すっと頭に入ってきたことのひとつに、雲雨傘の論理があります。

「黒っぽい雲がでてきたので、雨が降り出しそうだから、傘をもっていったほうがいい」

これは、事実と、解釈と、アクションの区別をつけることのたとえです。

いったいどういう意味でしょうか?

雲というのは、「事実」をさします。実際に目で見て観測したこと。雲が出ているということは、誰が見てもわかる客観的な事実です。

雨が降りそうだというのは、その事実から推測される「解釈」です。雲が黒いという事実から、雨になるだろう、という解釈を引き出しているのです。

最後は、傘です。雨が降り出しそうだ、という解釈から、**傘をもっていくという「アク**

ション」を起こしています。

もう一度整理すると、次のようになります。

●雲雨傘の例

（事実）「空を見てみると、雲が出ている」
（解釈）「曇っているから、雨が降りそうだ」
（アクション）「雨が降りそうだから、傘をもっていく」

「事実」「わたしの解釈」「推奨アクション」の3つの見出しをつける

事実、解釈、アクションをきちんと区別し、「だから何？」「どうしてそうなるの？」への答えを明確にする。

これは、いわゆるロジカルシンキングの基本です。

そして、これは、コンサルティング会社だけで求められるスキルではありません。

社会人なら、どんな仕事に就いていてもクリアすべき、基礎中の基礎のスキルです。

では、どうしたら、このスキルをすみやかに身につけることができるのか？

いちばん簡単な方法は、見出しをつけることです。

何か文章を書くときに、「事実」「わたしの解釈」「推奨アクション」といった具合で見出しをつけることによって、頭の中がスッキリ構造化されます。

それをそのまま仕事相手に見せてもよいでしょう。

相手にとっても、事実、解釈、アクションが区別できて、とてもわかりやすいはずです。

さらに、この見出しはチェックリストとしても機能します。

この3つが揃っていない提案には、説得力がありません。すぐに、「だから何？」「どうしてそうなるの？」と言われてしまうでしょう。

すべての文書は、3つの見出しについて、適切に中身が埋められていて筋が通っているかどうかをチェックしてから提出すべきです。

☑ **提案するときは、「事実（雲）」「解釈（雨）」「アクション（傘）」が明確かどうかをチェックする**

雲雨傘とは

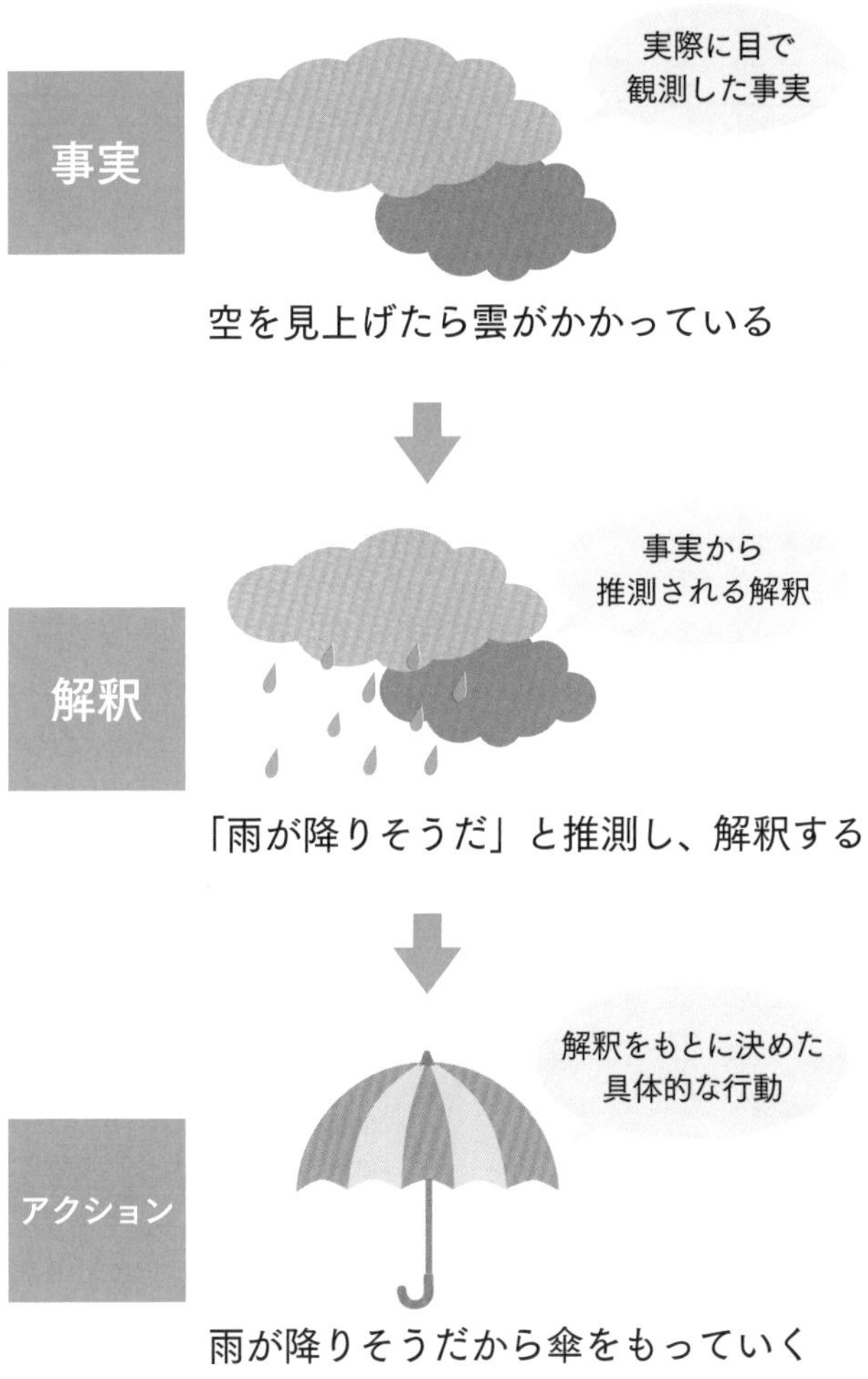
事実
実際に目で観測した事実
空を見上げたら雲がかかっている
解釈
事実から推測される解釈
「雨が降りそうだ」と推測し、解釈する
アクション
解釈をもとに決めた具体的な行動
雨が降りそうだから傘をもっていく

21

事実と意見をきちんと分ける

重要度

難易度

提案の際に、①事実（雲）②解釈（雨）③アクション（傘）の3つを混同したり、一部を省略して結論づけてしまうと、筋が通らなくなります。よくある失敗例を紹介します。

失敗①　「雲」だけで提出してしまう

入社一年目で必ずやってしまう失敗は、上司に調べものを依頼されたときに、データのグラフや事例の記事だけを上司のところにもっていって、「できました！」と報告してしまうことです。褒められるかと思っていたら、全く評価してもらえません。

評価されない理由は、自分なりの解釈がなかったからです。雲雨傘の例で言うと、雲（データや観察事項）を単に提示しただけ。実に不親切です。単にデータや記事だけではなく、そこから何が言えるのかをセットでもっていかなくては、意味のある報告にはなりません。

たとえば、血液検査の結果を告げられる際に、ALT、γ-GT……、聞き慣れない項目と数字を見ながら、医者はあなたにこう言います。

「はい、血液検査結果です。これを見て、どうぞ考えてください」

事実だけのレポートを提出する新人は、この医者と同じです。病気なのか、健康なのか。何に注意したらいいのか。問題があったとして、重大なことなのか、些細なことなのか。**ほしいのは、「だから何なのか?」という解釈です。**必要に応じて、薬を処方するといったアクションをとる。検査結果だけ渡されても患者は困惑するだけです。

ビジネスも同様です。解釈のないグラフをつくっても、関係ありそうな記事を集めても、「だから何なのか?」という解釈がないと、問題を解決するための役には立ちません。

失敗②　根拠を提示していない

次にやりがちなのは、アクションだけをもっていくことです。雲雨傘の例で言えば、「傘をもっていったほうがいい」というのがアクションに相当します。

単にアクションだけを提示されても、「なぜそうなのか?」ということがわかりません。

何かを提案するときはアクションだけを提案してもダメです。**必ず、元になる事実と解釈もセットで伝えなければいけません。**

・雲があって雨が降りそうだから（事実・解釈）
・傘をもっていったほうがいい（アクション）

なお、アクションには選択肢があります。雨が降りそうという解釈に対してはレインコートをもっていく、用事をリスケジュールして出かけないというアクションもあります。

失敗③　事実と、意見や解釈との混同

何が事実で、解釈で、アクションなのか、混沌としたまま報告してしまうケースです。

たとえば、新聞記事で事例を見つけて報告したとします。その際に突っ込まれることは「これはあなたの意見なのか、それとも新聞社の意見なのか？」ということです。特に、**事実と意見をちゃんと区別して提示することは大事です。**

たとえば「お客さんは低価格なものを求めていると思います」という意見。これは、客観的な消費データに基づいているのか、あなたの推測なのか、最近の一般的なトレンドについて言っているのかさっぱりわかりません。これでは、厳密な議論はできません。

☑ **事実(＝雲)だけでは報告とは言えない**
☑ **事実と意見をきちんと区別して提示する**

提案の際の失敗例

失敗例❶ 事実 だけで提出してしまう

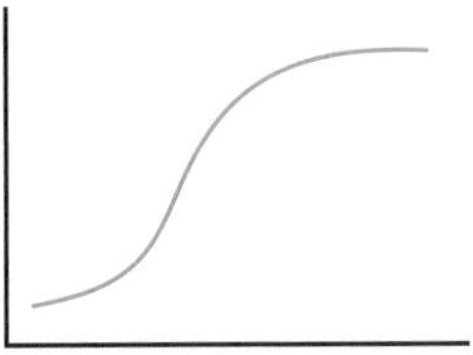

データのグラフや
事例の記事だけを提出する

➡ 解釈 がないため
「何が言いたい」のかが
わからない

失敗例❷ 根拠 を提示していない

「何をするのか」という
アクションだけを提案する

➡ 元になる事実と
解釈がないため、
「なぜそのアクションが
必要か」がわからない

失敗例❸ 事実 と意見や解釈 との混同

事実や解釈、アクションを
混同して提出してしまう

➡ どれが事実で
どれが推測や解釈
アクションなのかが
わからない

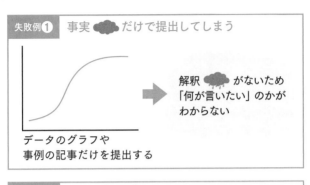

22

仮説思考

重要度

難易度

「はじめに仮説有りき」――これは、コンサルタントの思考法の中でも、もっとも重要な特徴のひとつでしょう。たとえ一年目であっても、「仮説思考」でものを考えられることが徹底的に求められます。

「あなたの仮説はなんですか？　仮説はできましたか？　証明されましたか？」

コンサルティング会社の社内では、常に、仮説、仮説、という言葉が飛び交います。

一般的には、何かの結論を出すためには、網羅的に調べる方法をとります。全般的に調査をし、たくさんのデータを集め、データが揃ったところで、それぞれを詳細に検討して、結論を出すというやり方です。実際にこの方法で物事を検討している場面をよく見かけますが、うまくいかないことも多いようです。

なぜなら、この方法だと議論が拡散したり、不必要な調査に時間を浪費したり、集めなければいけないデータが現実的でないほど多くなったりするからです。時間ばかりかかって、いっこうに結論が出ません。非効率的です。

こういった状態を避けるために重要なのが、冒頭の「はじめに仮説有りき」です。

このやり方では、まず、いま予想できる範囲でストーリーラインを描いてしまいます。

これは事件捜査と似ています。優秀な捜査官は、事件の現場を見ると、誰がどのように犯行をしたのか、だいたい目星がつくそうです。その見立てのことを、「仮説」と呼びます。

間違っていてもいいのです。「もしかしたら、こうではないのか？」と、大胆に仮説を立て、その仮説に沿ったストーリーを考えていきます。

ストーリーに沿って、あらかじめ調べるポイントを絞り込む

殺人事件が起きたとしましょう。犯人像は？　動機は？　誰がやった？　いつやったのか？　遺体はどこに隠したのか？　凶器は何か？　推理小説を読んだことのある人なら、小説を読みながら一度は自分で推理したことがあるでしょう。その推理こそが「仮説」です。

事件捜査は、しらみつぶしに調べて捜査しているわけではありません。推理に基づき、

怪しそうなところから順に、重点的に聞き込みや証拠集めをしていくわけです。

たとえば、「もし、遺体を山に捨てたなら、それを運ぶ車を借りたはずだ。車を借りたのであれば、レンタカー会社の履歴に残っているだろう」といった具合です。もし自分の推理が本当だとしたら、どういう証拠が出てくるだろうか、という観点から逆算して捜査が始まります。これをビジネスの言葉に置き換えたものが、「仮説思考」です。

具体的には、「あのリゾートホテルが高価格にもかかわらず好調なのは、若い夫婦にターゲットを絞ったからではないか？」「1泊3万円以上のホテルに泊まるのは、富裕層だけだと思っていたが、実は若い層にも強い需要があるのではないか？」

といった仮説を立て、そこから、具体的に客層を分析していきます。

☑ あらかじめ仮説を立てておき、調べるべきポイントを絞り込めていれば、効率的なリサーチをすることができる

ストーリーに沿って調べるポイントを絞り込む

仮説 間違ってもいいので大胆に仮説を立てる

23

検証作業としてのリサーチ

重要度

難易度

一年目のコンサルタントが担当する仕事の多くは、リサーチです。しかし、網羅的にやっていては時間が足りません。一案件の調査には1日か2日、せいぜい数日単位の時間しか与えられませんから、仮説がなければ、時間内には終わりません。

たとえばホテルの高単価化といったテーマのリサーチがあったとすると、「ホテルが高単価を達成できたのは、一泊3万円以上を払う若年層を取り込んだからであって、若年層の所得は伸びていないものの記念日的な支出は伸びている」といった仮説を立てたうえで調べます。

そして、仮説が正しいのかそうでないのかを結論づけて、マネジャーにもっていきます。「たしかに1泊3万円を払う若年層は顕著に増えています。ただし、地域別にだいぶ差があるようです」

あるいは、

「1泊3万円を払う若年層は増えていますが、60代以上でも、40代でも増えていて、全体的な現象です。若年層という区切りは間違いで、なぜ高級志向の顧客が増えたのか、を検討すべきです」

などと、仮説を否定する場合もあります。

もし前者であれば仮説をさらに深掘りしていく方向で進めますし、後者であれば、間違っていた仮説を修正していく必要があります。

リサーチは、仮説に対しての検証を提示するもの。これはぜひ覚えておいてください。目的も仮説もなく単にリサーチだけを行っても、なんの意味もありません。

「仮説→検証→フィードバック」のサイクルを高速で回す

わたしのコンサルタント一年目は、このようにマネジャーが設定した仮説に沿って、それを検証すべくリサーチを行うのがおもなミッションでした。

もし仮説が正しいなら正確なデータを用いて「実際にこのようになっています」とクラ

イアントに示すためのグラフをつくる。

もし違っていたら自分なりにそのデータから読みとれる新しい仮説を考えて、「検証してみたところ、違う結果が出ました。データから考えると、真実はこうではないかと思います」

と、新しい仮説を提示します。

このようにして、**「仮説→検証→フィードバック」というサイクルを高速で回すことで、問題の本質に効率よく迫ることができます。**

なお、仮説はあくまで仮説ですから、リサーチ結果が仮説に反していたら素直に修正します。ここで当初の仮説に合うように証拠を捏造してはいけません。犯罪捜査なら、いわゆる「見込み捜査による冤罪事件」になってしまいます。意図しないデータが出てきたら素直に認めて、それをヒントにして新しい仮説をつくることです。

☑ リサーチは、仮説に対しての検証を提示するもの
☑ 検証により、仮説を否定するデータが出てきたら、素直に修正し、新しい仮説を立てる

仮説をもとにリサーチを行う

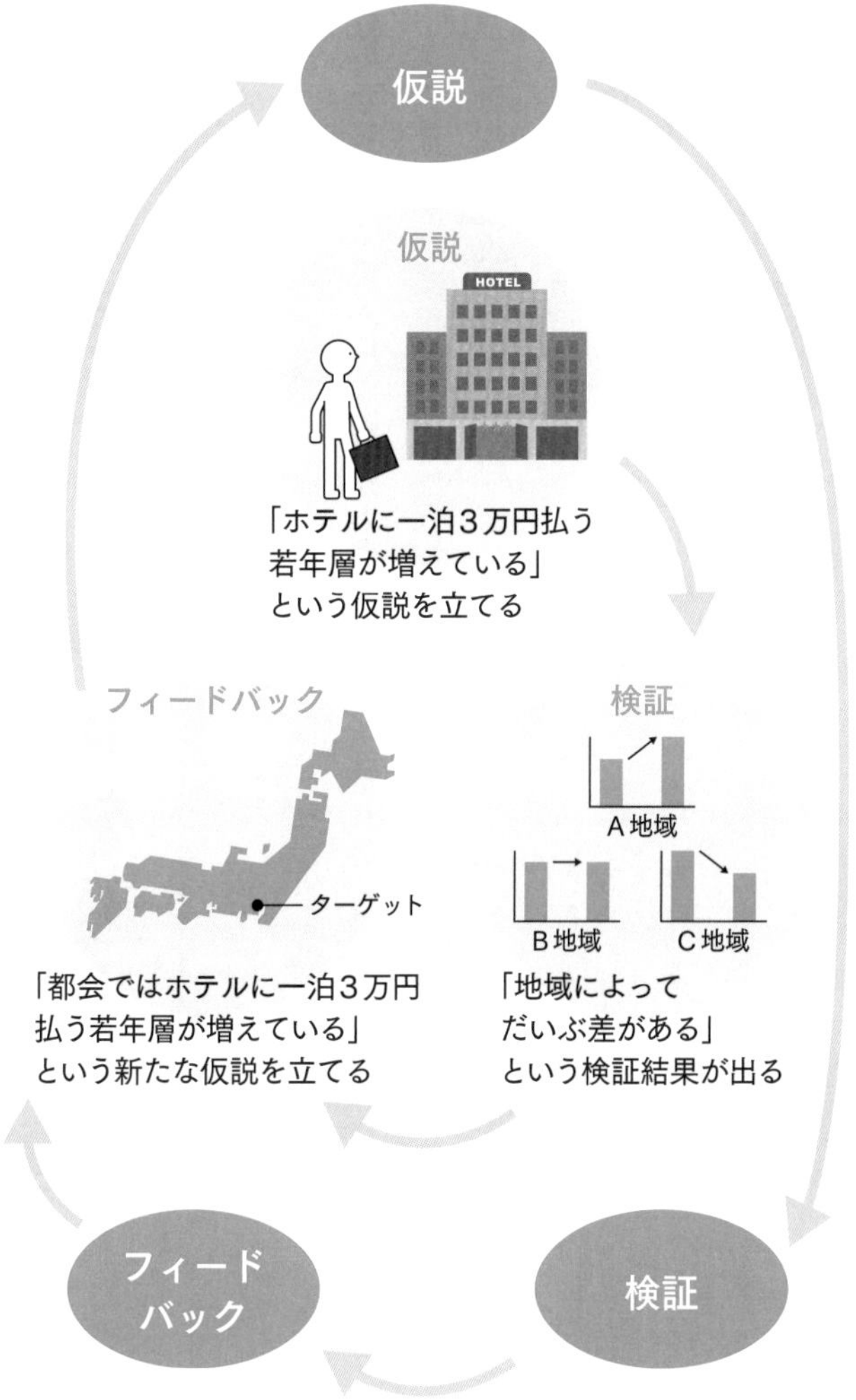
仮説
仮説
HOTEL
「ホテルに一泊3万円払う
若年層が増えている」
という仮説を立てる
検証
A地域
B地域
C地域
「地域によって
だいぶ差がある」
という検証結果が出る
フィードバック
ターゲット
「都会ではホテルに一泊3万円
払う若年層が増えている」
という新たな仮説を立てる
フィード
バック
検証

24

仮説思考で、意思決定のスピードを速める

重要度

難易度

仮説思考を身につけると、意思決定のスピードが非常に速くなります。

なぜなら、**多くの人は、問題がもちかけられてはじめて検討をはじめますが、仮説をもっている人は、その時点ですでに検討が終わっていて、結論を用意しているからです。**

たとえば、仮説思考で、旅行の計画について意思決定のスピードを上げるには、どうしたらいいでしょうか？

残念ながら、いまの日本の社会では休みがいつとれるかが予測しづらいこともあります。いつ休みがとれるかわからないために、直前まで旅行の計画が立てられないこともあるでしょう。その結果、直前に休みがとれそうだとわかってからはじめて、じゃあ旅行に行けるかも、とあわてて計画を立てはじめることになります。

結局、十分な検討ができないままに、前日に行き先が決まり、中途半端な旅行になって

しまうわけです。こんなときも仮説思考を使えば、つまり**あらかじめ結論をもっておけば、意思決定スピードを速めることができます**。具体的に説明しましょう。

あらかじめ、選択肢と条件をリスト化しておく

わたしの場合、旅行がとても好きだったので、コンサルタント時代も含めて、年に2回以上は海外旅行に行き、夏には何泊もかかる登山にも行っていました。多いときには、年に7回以上、海外旅行に行ったこともあります。3連休になんとか少し休みを追加しただけで、決して時間にゆとりがあったわけではありませんでしたが。

なぜそれができたかというと、あらかじめ旅行計画の仮説を立てておいたからです。「3日の休みがとれた場合、〇〇と××に行きたい。3連休にプラスして1日の休みがとれたら、△△と□□。1週間の場合は◇◇に行ける」

このように、行きたいところを10個ほどリストアップして、実際に飛行機の時間をざっと調べておくのです。そして何日あればどこに行けるかを検討し、だいたいの予算も把握しておきます。

仮説なので、旅行プランの詳細は不要です。単に、「何日の休みがとれたら、どこに行けそうで、いくらお金がかかるか？」の回答集になっていればいいのです。これをエクセルにまとめておきます。

実際に休みがとれることになったら、あとは簡単。このリストの中から、条件に合うものを選び、実行するだけです。リストには行きたい場所しかありませんから、どこに行こうかという意思決定は不要です。

あるとき、突発的に3連休に加えて1日の休みがとれることになりました。このときわたしは、4日で行ける旅のリストをチェックし、中国を選びました。

日本から3時間ほどで行ける瀋陽《しんよう》を訪れ、そこからバスで北朝鮮との国境の街である丹《たん》東《とう》に行き、河をクルーズするというプランです。これが4日間でできることはあらかじめわかっていたので、行き先を決める意思決定にかかったのは、たった2、3分でした。

☑ **仮説をもつということは、現時点での結論をあらかじめ用意しておくということ**

仮説に沿って対応する

○ 仮説思考の意思決定

休みを取れた時のための旅行案

○○地方
↓
△△山脈

仮説を立て、
あらかじめ結論をもっておく

現実に起こる

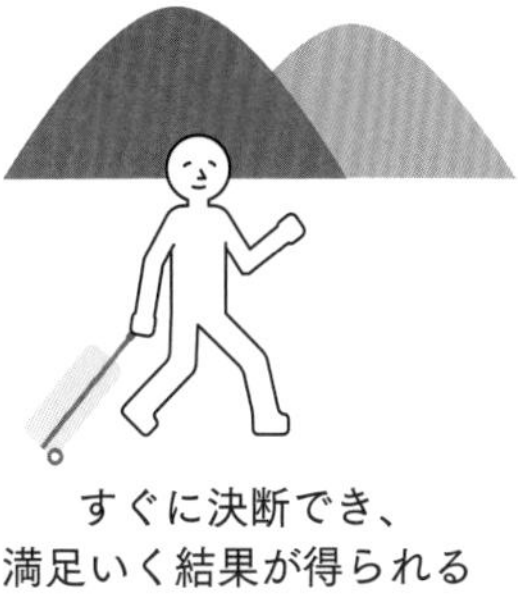

すぐに決断でき、
満足いく結果が得られる

× 行きあたりばったりの対応

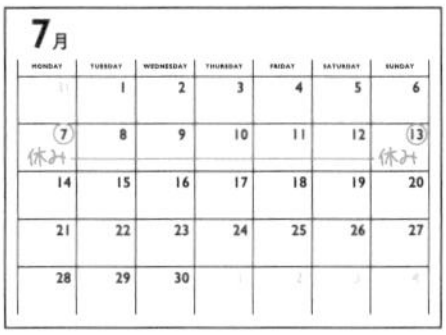

現実に起こる

慌ててどうしようか考える

対応が遅れ、
満足いく結果が得られない

25

常に自分の意見をもって情報にあたる

重要度

難易度

若手のうちほど、単に情報を集めて満足する人が多いものです。

新聞を毎日読んでいる、本を年間100冊読んだ、インターネットで毎日ニュースサイトから情報を受信する、オピニオンリーダーのツイッターをフォローする、そういうことで満足してしまう傾向があります。中には、そういう情報に感度が高い人の話を聞き、すごいなぁと感心し、自分も真似をしないとダメだ、と焦ってしまう人もいるようです。

しかし、安心してください。**情報量を増やしたからといって、ビジネスの能力は一切、向上しません**。わたし自身も、大学生までは日経新聞と日経ビジネスを読んでいたのですが、入社してからやめてしまいました。ふつうは、社会人になってから新聞を読みはじめることが多いのに、社会人になって新聞を読むのをやめたのです。

というのも、コンサルタント一年目はあまりに忙しく、春が過ぎてゴールデンウィークにさしかかるころ、郵便受けに入りきらなくなった新聞やら雑誌やらの束と、それをそのままゴミ箱に直行させる自分を見て、これはいらないなと思ったからです。実際、それらの情報を受け取らなくても、自分のビジネス能力は格段にアップしていました。

答えを知る前に、1分だけ自分で考える時間をつくる

ビジネス能力を向上させるのは、情報量ではなく、考えることです。どれだけ考えたかが、ビジネス能力を向上させるのであって、情報量そのものが能力を向上させることはありません。情報量を増やしても、右から左に情報は抜けていき、頭に残らない。そして、せいぜい手に入れた他人の意見を鵜呑みにするだけなら、意味はありません。

考えるとは、端的に言って、自分の意見をもつということです。これも、コンサル一年目に学んだ大事なことです。本や、テレビ、新聞、インターネット、なんでもいいので情報に接するときには、必ず自分の意見をもって接する。そして、考えることを繰り返す。

たとえば、いま、朝日新聞のウェブサイトで「こだま（新幹線）、復権の山陽路ひた走る　乗客5年で7割増のわけ」という見出しがありました。ついつい、乗客が5年で7割

増えた理由が知りたくて、すぐクリックしたくなります。そして、その理由を知り、そうかそうかと鵜呑みにしてしまいます。しかしそれでは、頭はよくなりません。

ここで重要なのは、クリックしたい気持ちを抑えて、1分だけ考える時間をもつこと。

・なぜ、こだまなのか？

・乗客が5年で7割増えた理由は何だろうか？

ぜひ、自分なりの意見をもって考えてみてください。

たとえば「経済が低迷する中で安いものへの需要が増えてきたから、新幹線にも低価格の需要が多くなったのでは？　高価格ののぞみから乗り換え需要が増えているのかも？」などの意見をもって、そこではじめて記事をクリックします。

記事の内容は、まさにそのとおりで、高速バスやLCCといった安価な移動手段がでてきて、新幹線の「のぞみ」と競合しているとのことでした。

☑ ビジネスの能力を向上させるのは、情報量ではなく、考えること
☑ 情報に接するときは自分の意見をもつ

答えを知る前に1分だけ考える

情報に接する

なぜ
少子高齢化が
起こるのか
ヤクルト
首位に
躍り出る
こだまの乗客
7割増のわけ
景気が回復傾向
フォロワーを
増やすコツ

↓

気になるワードを見つけ、1分だけ理由を考える

草食化が
起こってる？
若者がお金を
もってないから？

「なぜその現象が起こるのか」を考える

↓

自分の予想との答え合わせをする

自分の考えが合っているかを調べる

26 考え続ける

重要度

難易度

自分の意見をもってはじめて、学びの機会は生まれます。自分の結論と違っていたら勉強になるし、もし、自分の結論通りだとしても、結論にいたるまでの考え方が違っていたり、視点が違っていたりする場合もあります。それもひとつの学びです。これを繰り返すことでしか、学ぶことはできないし、記憶にも残らないのです。

もう一度新幹線の例で話します。低価格路線という結論は、わたしが考えたことと同じでしたが、その過程として、のぞみユーザーがこだまに乗り換えているのだろうと考えました。しかし、記事では、違う事実の存在も指摘されていたのです。

新しくこだまを利用するようになったお客さんの多くは、いままで高速バスや、自家用車を利用していた人でした。その人たちが新幹線に乗り換えた。

自家用車や高速バスの利用者は、移動時間がかかっても安く移動したいユーザーです。

しかし彼らも、高速バスより多少高くてもいいので、もう少し快適に移動したいということだったのです。つまり低価格の高速バスなどから、中価格のこだまへの乗り換えが起こっていたわけです。これは単なる低価格現象とは違います。

もし、自分の意見を最初にもっていなければ、たぶんこの新しい顧客の特徴については、右から左に頭の中を抜けて記憶に残らなかったでしょう。しかし、いったん自分の意見を考えたからこそ、新しい発見がありました。

頭をよくするのに、すごい方法論はありません。しかし、コンサルティング会社という、日々強制的にものを考えさせられる環境に身を置いたことで、自然と頭は鍛えられていきました。一年目のわたしにでさえも、マネジャーはいつも意見を求めてきたからです。

「大石さんはどう考えてる？」「大石さんはこれ、正しいと思う？」、と。

間違えることを恐れない

また、ここが大事なのですが、**「自分の考えをもつ」ことは、「正解を知っている」こととは違います。考えは、間違っていてもいいのです。**そもそも、間違っていることに気づいたり、他人と考えが違ったりすることを認識するために、考えをもつのですから。

正解を覚える必要はありません。常に自分の考えをもって情報に接して、どんどん考えを深めていってください。

最初は、稚拙だったり、間違いだらけだったりしてもかまいません。とにかく、自分だったらこう思うという筋をもって、本を読んだり、有名人のツイートに接したり、記事を読んだりすること。

それができるようになってくると、次第に、新聞やニュースに違和感を覚えるようになります。「その結論には根拠がない」とか、「その分析は一面的だ」とか。

そうなれば、あなたの考える力やビジネスの能力は、必ずや向上しているはずです。

そうして培った考える力は、15年どころか、一生役に立つ能力です。

☑ **自分の意見をもって情報に触れてはじめて学びの機会が生まれる**
☑ **正解を覚えようとしない**

間違ってもいいから自分の考えをもつ

自分の考えをもつ

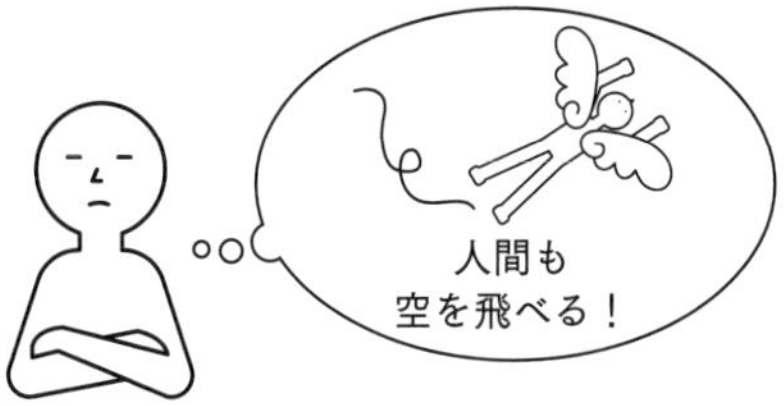

間違いを恐れない

自分の間違いに気づき、新たな発見をする

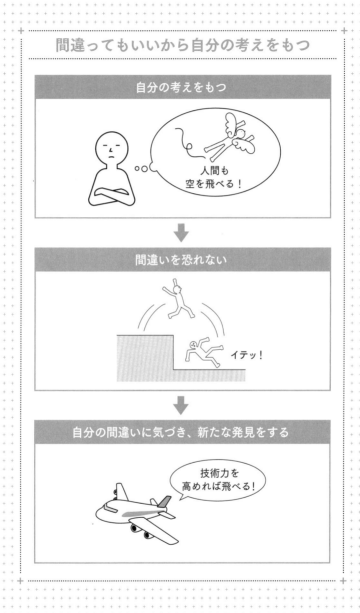

27

本質を追求する

重要度

難易度

クライアントが、コンサルティング会社に求めているのは、単なる「情報」ではなく「本質」です。この2つの違いをあるコンサルタントの方の体験談をもとに説明します。

彼は、コンサルタントとして、クライアントが買収しようと考えている企業について調査する役割を担っていました。M&Aでは、買収しようとする会社についての膨大な情報が必要になります。彼は、膨大なリサーチを積み重ねて、報告書にまとめました。

完成したレポートは、ビジネスモデル、収益性、財務状況、営業体制、企業文化まで、あらゆることが多角的に調べられた、精緻なものでした。しかし、クライアントにもっていったところ、評価されるどころか、開口いちばん、バッサリこう切り捨てられたのです。

「こんな資料はいらない。バラバラの情報ではなく、本質を教えてください。わたしたちが知りたいことは、この買収候補先の会社はどういうコアエンジンによって動いているのか？ そして、買収する場合の妥当な企業価値はいくらなのか？ その2つだけです」

彼は、本当にショックだったと言います。情報ではなく、本質を教えてほしい。クライアントが知りたいことはそれだけでした。

もちろん、個々の分析や調査は作業としては必要でした。しかし、求められていたのは、それらを統合し、「だから何なのだ」という本質を示すことだったわけです。

この経験は、彼の中で、「考えるとは何なのか」についてパラダイムシフトを起こしたのでした。**情報を集めるプロセスだけでは、考えたことにはなりません。その先にある「本質」を提示することができて、はじめて価値は生まれるのです。**

本質を見出すには、情報量ではなく、一段高い視点が必要

もうひとつ、iPhoneをたとえに、「本質」とは何かを見てみましょう。

iPhoneは、発売された当時は、「端末に電話をつけただけ」とか、「既存技術の寄せ集め」と言われていました。「技術的には、日本の携帯電話やネットワークのほうが進化している」と。たしかにiPhoneは、技術的には、すでに存在する技術の寄せ集めかもしれません。

しかし、そこには、本質的なイノベーションが提示されていました。技術のイノベーションはなくとも、「ネットワークと人間の新しい関わり方」という、一段高いスタイルが提示されていたからです。その高い視点こそが、スティーブ・ジョブズの思考の本質でした。

多くの人は、情報をたくさん仕入れて、過去を分析し、個別の事例を積み重ねて、複数の結論を出します。こうともああとも言える。こんな例もあるし、あんな例もあると。しかし、それを**10も20も積み重ねたところで、いちばん大事な本質は見えてきません**。

結果的に、「顧客が必要と言っているから」と言って、ボタンが40個も50個もあるようなリモコンがつくられるだけです。iPhoneを創造するには、携帯電話という概念を取っ払い、もう一段高い視点から、人間とデバイスの関わりをとらえ直す必要がありました。

「考える」ということは、情報をたくさん集めて、機能をたくさん追加することではありません。分厚い報告書をつくることでもありません。

せいぜい、たったひとつかふたつの本質を抽出して、それを磨き上げることです。

☑ **情報を集めるだけではなく、本質を提示することで、はじめて相手が求めていることに応えられる**

情報ではなく本質を提示する

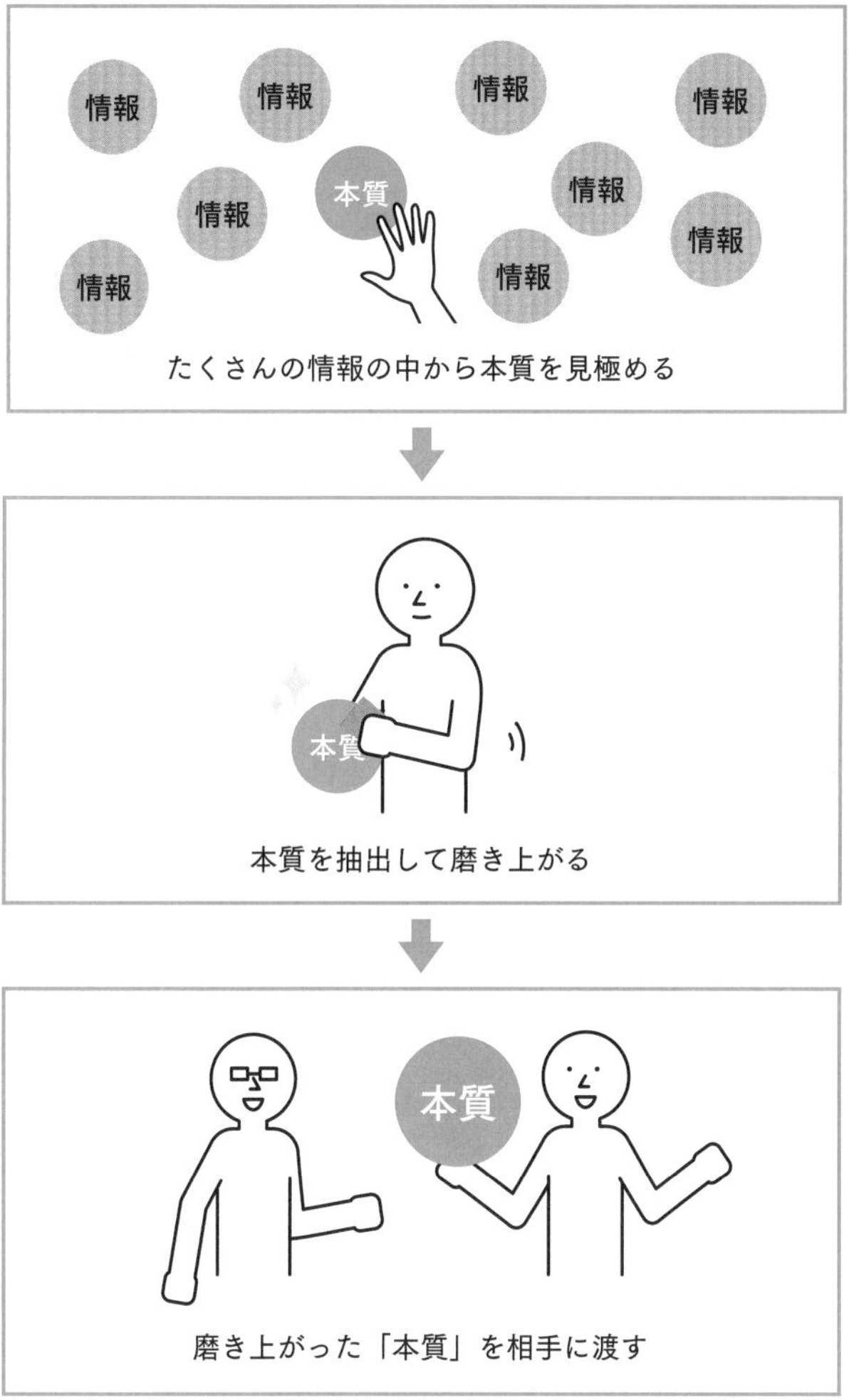
情報
本質
たくさんの情報の中から本質を見極める
本質を抽出して磨き上がる
磨き上がった「本質」を相手に渡す

CHAPTER

3

コンサル流
デスクワーク術

28

議事録書きをマスターする

重要度

難易度

新人の仕事の定番に、議事録書きがあります。どこの会社でもそうでしょう。議事録づくりは、新人、若手の仕事です。

ただ、この議事録書きについては、何をどのように書いたらいいのか、あまりノウハウ的なものを見かけません。多くの新人が苦労して議事録をつくっているものと思われます。

コンサルティング会社でも議事録づくりの仕事は新人の役割ですが、これがさっさとできるようにならないとまずい。ある意味、最初の関門です。わたしも、基本中の基本の仕事として、しっかりと訓練させられました。

はじめて書いた議事録を添削してもらったところ、3時間もかけて、いろいろと指摘されたという人もいます。先輩のコンサルタントが、忙しい中をていねいに3時間もかけて添削するというのは、並大抵のことではありません。裏を返せば、そうまでしても、一年目のコンサルタントに議事録を書けるようになってほしかったということでしょう。

というのも、**議事録というのは、ドキュメンテーション、つまり文書作成の基本中の基本だからです。文書作成における基本的なルールや作法がぎっしり詰まっているのです。**

これができるようになれば、他の文書もうまくつくれるようになる。だから、議事録を通して、文書づくりの基本を、わざわざ3時間もかけて指導したのだと言えます。

文書作成のすべては議事録書きから始まると言っても過言ではありません。

議事録には後日の証拠となるよう、決定事項を簡潔に書く

新人がやってしまうもっともありがちな間違いは、**発言録を書いてしまうこと**です。誰々がこういうことを言ったというのを逐一書いてしまう。あの人がこう言って、この人がこう言って、いろいろ意見がありましたと。その発言を、時系列に記録したようなものをつくってしまうのです。会議を録音して、それを文字に起こしたようなものはNGです。

本来、議事録とは、その会議で決まったことを書くもの。それが原則です。非常に極端なことを言えば、**途中の経過などは必要なく、その会議で何が決まったかを書く**。決まっ

たことを証拠として残すのが議事録です。

決まったことは決定事項といい、たとえばこういうことです。

「お客さんの対応のために新しく1名を専任で割り当てる」

「来月の説明会は、X月X日に13時から行い、BさんとKさんが担当する」

会議で決まったことをみんなが確認できて、**あとで、「それは決めてない」「いや決めた」といった揉め事をなくすために記録するのが、議事録の本来の役割**です。

日常生活でも、たとえば待ち合わせなど、口頭で決めたことをメールやチャットで確認して流すことがあると思います。「さっき話した次回の食事会の件、来週水曜日の19時から渋谷ということで。確認です」など。これぞ、議事録の原点です。

決まったこと、確認したいことを、簡潔に書いて、関係者に流し、間違いがないか確認してもらって、決定とする。これが議事録の役割なのです。

☑ **議事録とは、決定事項、確認事項を書き、関係者に確認し、決定するため、そして、決定事項を証拠として残すためのもの**

議事録には文書作成のルールや作法が詰まっている

会議の中で
決まったことをまとめる

先方に確認したいことを
メモする

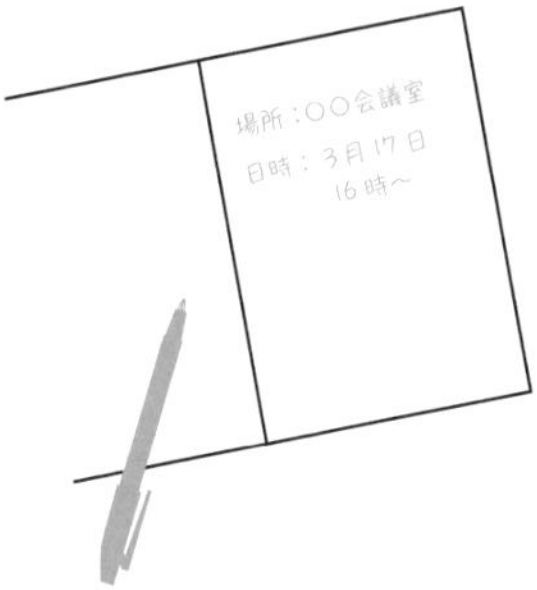

みんなが読みやすいように
簡潔に書く

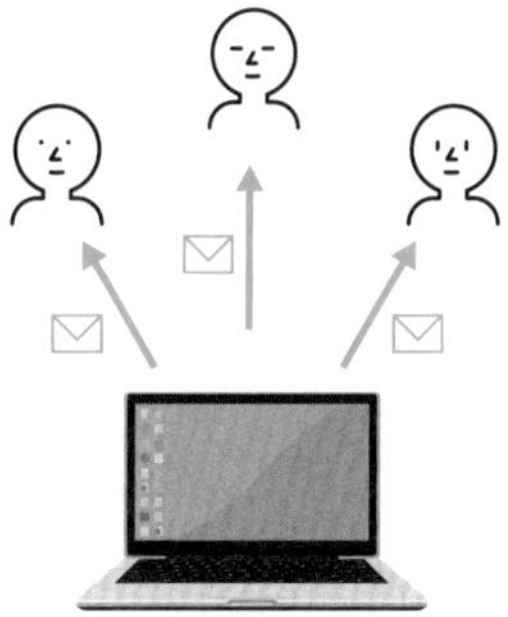

関係者に間違いがないか
確認してもらう

29

議事録の具体的な書き方

重要度

難易度

次に、議事録で必ず盛り込むべき項目を挙げましょう。

「日時」「場所」「参加者」「本日のアジェンダ（論点・議題）」

以上は当たり前ですね。重要なのは、次の4つです。

「決まったこと」「決まらなかったこと（次に持ち越したこと）」「確認が必要なこと」「次回に向けてのTODO（誰がいつまでに）」

この4つが、簡潔に、クリアに、整理されて書かれていたら完璧です。

議事録を書くとき、**まずこの項目を見出しとして最初に設定**しておいてください。

あとは、その見出しの下に**箇条書き**で、中身を埋めていきます。たとえば、本項の図のような感じです。非常にコンパクトですが、これだけでも、簡潔にわかると思います。

実際の議論の過程では、紆余曲折があり、いろいろなことに話が飛びますが、そういう

時系列での発言はすべて無視して、このフォーマットに沿って、**決まったことだけ、決まった事実だけを簡潔に書く。**

まずは、このフォーマットでできるようになるまで繰り返してみてください。

つまり、構造化してまとめるということです。

なお、議事録の証拠としての役割から、残しておくべき付属意見というものもあります。こう決まったけど、◎◎さんはこういうふうに言っていたとか、こういう反対意見があったけれど、こう決まったとか。

このように、決まったことに関して、誰かの意見や発言を参考として盛り込むのはかまいません。特に、その会議のキーパーソンがどのような意見をもったかを書き加えるのは有効でしょう。

あくまで決定した事実を議事録に書きますが、補足事項として、キーパーソンの意見や簡単な経緯をまとめるのです。

発言録を記録するケース

発言録はNGと言いましたが、例外もあります。

たとえば、裁判や国会での発言録です。これについては、一字一句、誰がどのように発言したかということを記録として残しておく必要があります。こういうタイプの議事録も存在しますが、ビジネスの場ではほとんど使われません。

まとめますと、次のようになります。

●裁判、国会の議事録

誰が何を言ったかを、言い違いも含めて、正確に証拠として残すため、一字一句を文字に起こすタイプの議事録。

●ビジネスの議事録

決定事項や、次回に持ち越す事項など、何が決まって、何が決まらなかったのかを確認し、決まったことについては関係者の間で認識違いがないかどうかを証拠に残すための議事録。

☑ **決定事項のほかにも、決まらなかったこと、確認が必要なこと、次回までにやるべきことを、簡潔かつ明確にまとめる**

議事録の例

日時	2021年5月25日　15時〜16時
場所	株式会社〇〇　8F 会議室
参加者	A部長、B課長、C係長、 Dさん、Eさん、Fさん
アジェンダ	新しくオープンするウェブサイトの デザイン案を決定する
決まったこと	デザイン会社からのデザイン案のうちC案を採用とするが、下記の点で修正を加える。 ①トップページはもう少しダイレクトに登録を誘導できるものとすること ②HTML Living Standardを使ってダイナミックに動くようにすること
決まらなかったこと	検討していたドメイン名の多くが他社取得済みで、適切なものがなく、最終的に決まらなかった。
確認が必要なこと	HTML Living Standard の利用は、基本的にGOとする。 ただし、XX部署に念のため確認をとる。 ※まだ動かないブラウザがあるのは承知だが、サイトの目的を考えると、先端ユーザーが使うため、問題ない（部長意見）
次回に向けてのTODO	取得可能なドメイン名の一覧を、A部長の部署で、次回までに洗い出しておくこと。

30

最強パワポ資料作成術

重要度

難易度

コンサルタントに限らず、多くの仕事では、プレゼン資料を作成するためにパワーポイントなどのツールを利用することがあるでしょう。パワポ資料の作成は、一年目に限らず、いつになっても、どこの業界にいっても、ついてまわるものです。

ですから、パワーポイントの資料のつくり方もまた、コンサルタント時代に学んでよかったと思うことの筆頭に挙げたいことのひとつです。またパワポに限らず、わかりやすい資料をつくるコツそのものを学んだのです。

コンサル流のパワーポイントは、ひとことで言えば、「シンプルイズベスト」。言いたいことが明確で、シンプルで、見やすい。たくさんのことを一枚に詰め込む一枚企画みたいな方向性もあるのは知っていますが（お役所のパワポに多いようです）、わたしは、シンプルイズベストのコンサル流が身についているからか、それがいちばんだと思っています。

ワンスライド・ワンメッセージとは

シンプルな資料をつくるコツもまたシンプルです。たったひとつの原則を覚えればいい。それは、**「ワンスライド・ワンメッセージ」**の原則です。

要するに、**1枚のプレゼンスライドに、多くのものを詰めすぎない**ということ。

ワンスライド（1枚のスライド）では、ワンメッセージ。1枚にひとつです。この原則を守ると、資料がシンプルになり、再利用などの差し替えが便利で生産性も上がります。

ここで重要なのは、**言うことをひとつに絞ること**です。実は、これが案外むずかしい。ついサービス精神を発揮して、たくさんの図解やグラフを1枚のスライドの中に3つも4つも盛り込んでしまいがちです。そこに、多くの太字や赤字での強調、そして、吹き出しでのコメント……。

こういう資料は、いったい何が言いたいのかわかりません。言いたいことがたくさん盛り込まれすぎていて、見る側は、どう解釈していいのか、何がいちばん大事なのか、わからない。というより、つくっている本人もわかっていない。頭の中で整理されていないのでしょう。また、ひとつのグラフからたくさんの結論が書いてあるパワポもよく見かけます。これも結局何が言いたいのか、わかりません。

聞き手が知りたいのは、そのグラフを、どう読みとるかというあなたの解釈です。「要するに、何が言いたいの？　言えるの？」ということです。

グラフを出したら、あなたの解釈はひとつだけ。ひとつのメッセージだけを伝えます。ワンスライド・ワンメッセージでは、基本は、グラフや表がひとつ。そして、そのグラフから読み取れる解釈・主張をひとつだけ提示します。これが基本的な構成です。

要するに、**「①根拠となる数字や事実　＋　②自分の解釈や主張」**をセットにして提示します。1枚のスライドにつき、ワンセットのみ。

こうして、1枚1枚はシンプルにして、それを組み合わせて、「流れ」にして見せます。もし複数のことを言いたければ、スライドを分割する。2枚や3枚にします。全体の枚数は増えますが、そちらのほうがわかりやすいのです。

☑ **1枚のプレゼンスライドに、多くのものを詰めすぎない**

☑ **聞き手が知りたいのは、そのグラフを、どう読みとるかという解釈**

ワンスライド・ワンメッセージではない例

ワンスライド・ワンメッセージではない例 1

詰め込みすぎ。それぞれに言いたいことがある場合は、
４枚に分割したほうがいい。

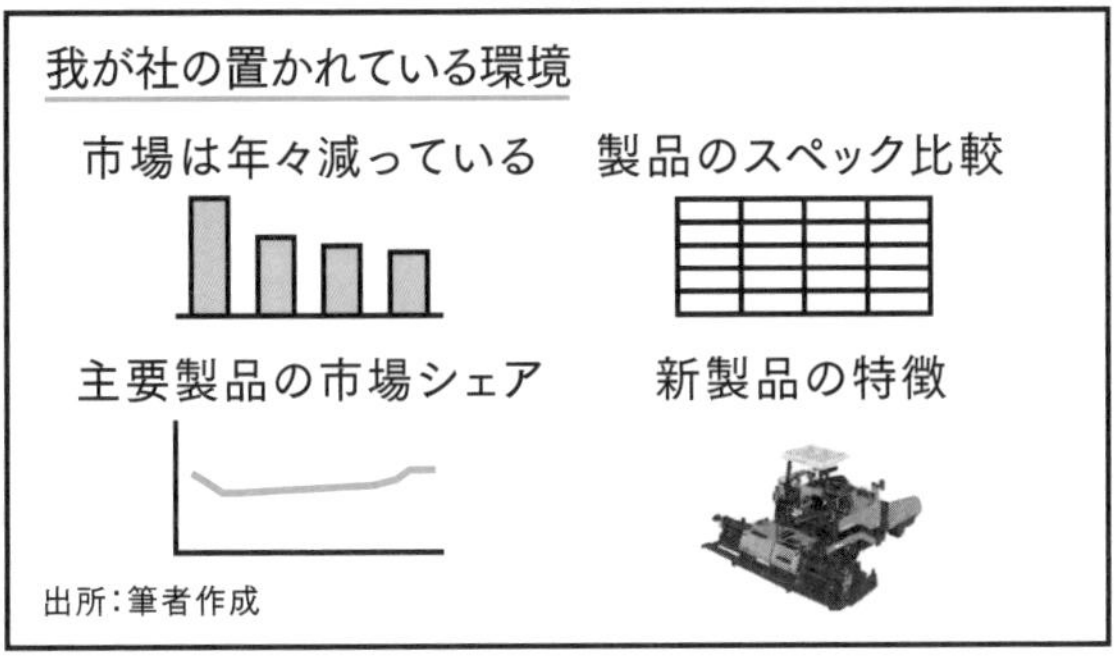

出所：筆者作成

ワンスライド・ワンメッセージではない例 2

ひとつのグラフにいろんなコメントをしていて、
どう読み取るべきかわからない。

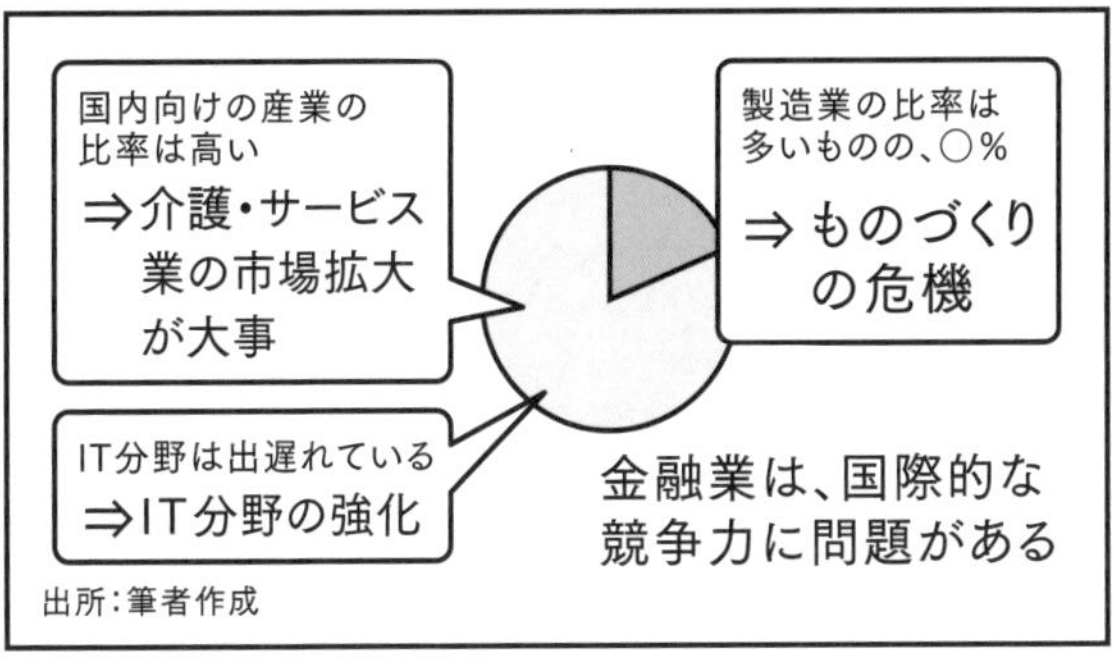

出所：筆者作成

31

ワンスライド・ワンメッセージのつくり方

重要度

難易度

ワンスライド・ワンメッセージの構成のパワポ資料の利点をまとめてみましょう。

①わかりやすい

根拠＋意見がセットになっているので、論旨も明確。言いたいことが絞れる。

②聞き手にとっても楽

1枚のスライドにつき、1つのことだけを理解すればいいので、聞き手の負担が少ない。

③飛ばすのも簡単

プレゼン中に、相手の理解に応じて途中を飛ばしたりするのも、1枚単位なので容易。

④再利用が簡単

差し替えが楽。資料の構成を大幅に変更するときも、1枚1枚はパーツにすぎないため、並び順を変えたり、取捨選択すれば対応できる。詳細版から要約版をつくる場合も、キーとなるスライドを抜き出して、見出しに相当するスライドを加えて調整すればOK。

ワンスライド・ワンメッセージのスライドを実際につくってみよう

①根拠部分

基本的には、**客観的なデータ**を示します。統計だったり、アンケート結果だったり。数字を基本にして、**誰もが納得できるデータ**を使うのがいちばん説得力があります。

データは、主張に合わせて加工します。**グラフや表にするのが一般的**で、主張に関連する部分がわかるように強調したり、**色を工夫して見やすく**します。

また、統計・アンケート結果といったもの以外でも、主張したい内容の根拠になればよいので、**「ヒアリングのコメント」「引用」「図解」「現場写真」**といったものでもかまいません。ひとつの主張につながるのであれば、1枚のスライドの中に根拠となるグラフを並べて2つ引用してもかまいませんが、2つまで。それ以上は見づらくなります。

②解釈・主張部分

グラフや表から、何をどう読み取り、何を主張するかを、明快に書きます。事例では、「ものづくり大国という前提を疑うべき」というメッセージを明確にしています。

根拠と解釈・主張部分はセットです。1対1で対応していることが大切です。

たまに、グラフや表をたくさん貼り付けただけで、そこから何を読み取るべきなのかが示されていないスライドがあります（解釈・主張がない）が、それでは聞き手はどう理解してよいのかわかりません。また、ひとつのグラフから、たくさんの言いたいことを主張して、こうも言えるし、ああも言える、と言っているグラフがあります（根拠ひとつにつき、主張が複数）が、言いたいことが複数あるなら、何枚かに分けるのが基本です。

③タイトル

タイトルは、あまり重要ではありません。見出し程度のものをつけておけば十分です。

④出所

信頼性のある資料とするために出所は必須です。自社データの場合も記します。

- ☑ **根拠には、客観的なデータを示す**
- ☑ **「根拠となる数字や事実」＋「自分の解釈・主張」でワンセット**

ワンスライド・ワンメッセージのつくり方

根拠となる数字や事実 ＋ 自分の解釈・主張

タイトル
見出し程度のものを
つけておけばOK

解釈・主張部分
グラフや表から何をどう読み取り、
何を主張するかを明快に書く

ものづくりの危機
日本の貿易赤字額は年々増しており、輸出による
ものづくり大国という前提を疑うことが必要

日本の貿易収支額

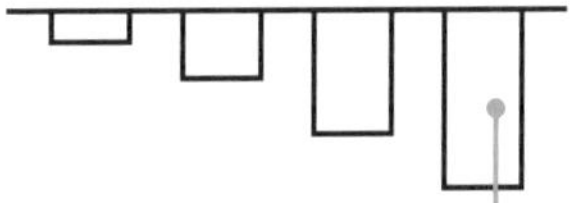

出所：財務省

出所
信頼性のある資料
とするために出所
は必須

根拠部分
誰もが納得できる
客観的なデータを使う

32

エクセルとパワーポイントのスピード作成術

重要度

難易度

コンサルティング会社の出身者の隠れた武器に、「エクセル、パワーポイントの作成スピード」があります。1日で40～50枚のパワーポイントの資料をつくるというのは珍しいことでもなく、コンサル時代はそれが常識だと思っていましたが、ほかの業界の人から見ると、異常なほどのスピードのようです。なぜ、これほどまでに差がつくのでしょうか。

ツール操作のスピードが死活問題となる

まず、コンサルにとってはツールの操作スピードが死活問題になる、という点です。

コンサルタントの納品物は、基本的に報告書です（もちろんそれだけではありませんが）。

それはパワーポイントの形態をとっていることが多く、その資料が最終アウトプットとしてお客さんのところに残ります。一方で、そういった最終報告書にいたるまでには、その何倍もの日の目を見ない資料をつくることになります（捨て紙と言われます）。

日々の打ち合わせや議事の進行も多数ありますので、その都度、パワーポイントでそれらの資料もつくります。エクセルについても同様です。特に新人は、データの分析やグラフ作成の作業が多くなり、10や20どころか、数十のグラフを作成したり、数字を集計したりします。

つまり、コンサルの仕事では、ほとんどの時間を、エクセルかパワーポイントを使って作業することに費やしているのです。ですから、**この2つのツールの操作スピードを上げることが即、生産性の向上に直結**するのです。これが遅いと、ほかのことがいくら速くても、仕事が終わりません。仕事の7割、8割の時間を占めるツールの操作スピードを上げるということは、全体の生産性向上に極めて大きなインパクトをもたらします（項目37「重点思考」参照）。本項目の図や次項目の小ワザなどを使うことで効率が上がります。小ワザといってもバカにしてはいけません。こうした**一つひとつの工夫が、コンサルタントの生産性の源となっているのですから、あなたにとっても有益**なはずです。

操作の訓練さえすれば生産性が上がるツールの習熟に努めることは、キャリアアップのうえでも効率のよい方法だと思います。新人のわたしがはじめて「戦力」として認められるきっかけになったのは、数字データの分析でした。売上データ量が半端なく多く、数十万行にも及び、エクセルではとうてい行数が足らず、動きません。そこで、マイクロソフト・アクセスというデータベースソフトにデータを取り入れ、SQLという言語を学び、得られたデータを、エクセルに入れてグラフ化することで自動化できました。

ツールの効率化は大事で、もしこれを手作業で単純にやっていたら、顧客の期待する期限内に分析を終えることはできませんでした。この経験を通して、データ処理のスピードが非常に上がったことは、一年生で何も武器がない自分にとって大きな自信になりました。ツール操作のスピードだけは他人より速いので、その分、時間が稼げます。その間に思考面などをキャッチアップする余裕も生まれました。

☑ **ツールの操作スピードを上げるのは、誰でも訓練次第で可能な生産性を向上させる方法**

☑ **資料作成にかける時間が短縮できれば、その分考える時間がもてる**

パワポづくりの小ワザ①

❶ 図形に文字ボックスを重ねない

文字はそのまま

文字は、図形をクリックして選択し、その中に直接書く

テキストボックスを最初に打って

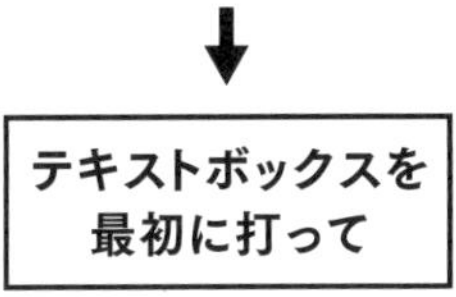
テキストボックスを
最初に打って

もしくは、テキストを最初に打っておいて、そのテキストボックス自体に枠線の色を指定する

❷ 図形のコピーはずらすだけ

シフトとコントロールキーを両方押しながら、図形を選択して、そのままドラッグする

❸ 改行せずに折り返す

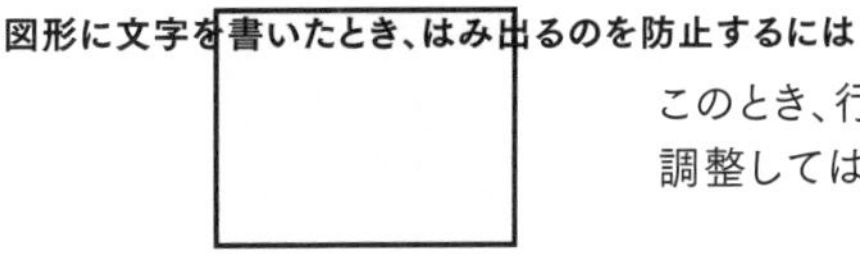
図形に文字を書いたとき、はみ出るのを防止するには

このとき、行で調整してはならない

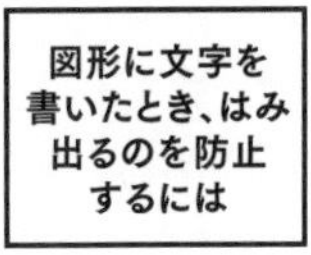
図形に文字を
書いたとき、はみ
出るのを防止
するには

オートシェープの書式設定
＞テキストボックス
＞「描画オブジェクト内でテキストを折り返す」or「図形内でテキストを折り返す」
を指定する

33

エクセルとパワーポイントの小ワザを使いこなす

重要度

難易度

スピードアップの具体的なノウハウを紹介します。**基本的にはショートカットキーを使う**、これがいちばん大事です。これは、エクセルとパワーポイント双方に言えます。ショートカットキーとは、マウスを使わずに、キーボード上だけで操作することです。

たとえば、もっとも多く使うのは、「ファイルを上書き保存する」というものでしょう。これをいちいち、ファイルのメニューをマウスでクリックして、そこからさらに下の矢印を押してメニューを伸ばして、上書き保存を出現させ、最後にクリックする、という方法だと、3クリックほどの工程があり、時間にして**3〜4秒**くらいはかかります。

一方で、上書き保存をするには、コントロールキーと「S」キーを同時に押すだけで、同じ作業ができます。これにかかる時間は、わずかに**0・1秒程度**。このスピードの差は圧倒的です。ですから、エクセルやパワーポイントの操作スピードを上げるには**徹底して**

ショートカットキーを覚えることです。そして、頭で何も考えなくても、自動的に手が動いて、自分がやりたい操作が0・1秒で次々と実現するようになるまで習熟することです。エクセルで言えば、シートの移動、行を挿入する、データの端に飛ぶ、セルの書式設定を呼び出す、こういった作業はすべてショートカットキーでできます。パワーポイントでも、新しいスライドを挿入する、図をグループ化する、解除する、図の高さをそろえる、といった作業がショートカットキーで可能です。取材したコンサルタントの中には、新人時代に上司にマウスを取り上げられて、「これからは全部ショートカットキーで操作できるように訓練してください」と言われたという人もいました。

コンサルタントたちは、そこまで**ストイックにツールの操作効率を追求**しているのです。

その他の小ワザを使う

ここで挙げた小ワザはあくまで一例で、常識的なものもあるかもしれません。これを身につければすべてOKというものではありません。みなさんが使っている具体的なツールに合わせて、日々、効率的なワザを自分で開発してみてください。本項の趣旨はそういうことになります。

〈エクセルの場合〉

・セルの結合を使わない（あとで修正ができなくなる）
・数字を転写するときは、直で打ち込まず、「=」を使う
・関数を覚える。SUM／AVERAGE／VLOOKUP／IF といった関数を覚える
・「ピボットテーブル」をマスターする（エクセルでシミュレーションができる）

〈パワーポイントの場合〉※前項・本項の図を参照

・マトリクスは、大きな□を描き、線を2本十字で足すのはNG、□を4つ組み合わせる
・図形をつなぐときは〔コネクタ〕を使う
・図形の高さをそろえる機能は便利なので覚えておく

☑エクセルとパワーポイントの操作スピードを上げるためには、徹底してショートカットキーを覚える

パワポづくりの小ワザ②

④ マトリクスは四角を4つでつくる

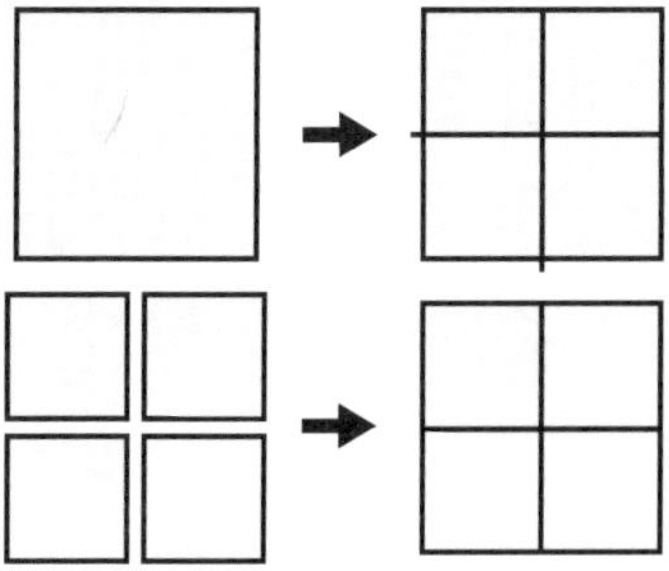

NG
四角に、十字の線を
組み合わせる

OK
小さい四角を4つ
組み合わせる

⑤ 図形をつなぐときはコネクタを使う

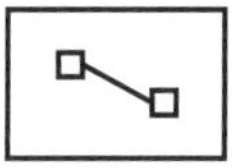

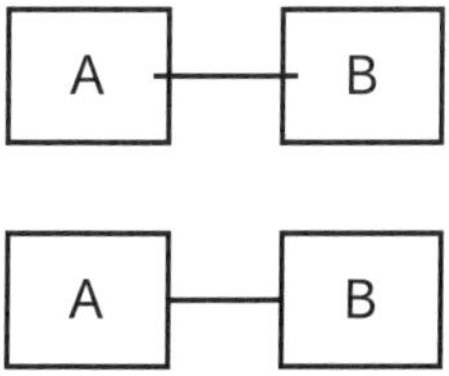

線を使うと・・・
- 線がはみ出る
- 図形の大きさを変えたり
  移動するとレイアウトが崩れる

⑥ 図形の高さを一発で揃える

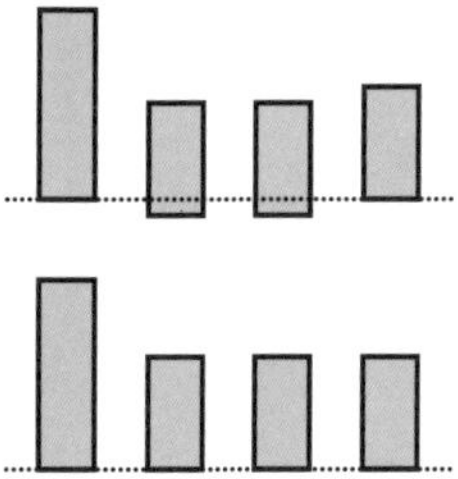

手で配置すると図形の位置が
微妙にずれていることがあり
気持ち悪い

図形の位置を揃える機能で、
一発で揃えることができる

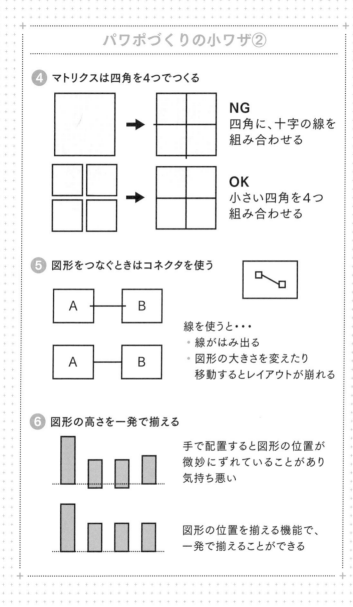

34

最終成果物から逆算して考える①

重要度

難易度

作業プランニングの方法として、**「空（から）パックをつくる」**というものがあります。

これは、簡単に言うと、**仕事をはじめる時点で、すでに最終成果物、最終アウトプットの骨組みをつくってしまう**ということです。

最終アウトプットをまずイメージして、設計して、そこから必要な作業を逆算して作業に落とす。ゴールから逆算して、いまを考えるという方法です。

これはコンサルタントの間では有名な方法ですが、一般にはそれほど知られていないようですので、ご紹介します。

何かの資料をつくろうとするとき、多くの人は、まずは資料集めからはじめます。なんとなくリサーチして、なんとなくいろんな情報を手に入れて、そこそこの情報量が集まったところで、それを並び替えて、資料に仕立て上げる、というのがふつうのやり方でしょう。

コンサルタントのアプローチは、アウトプットから逆算する方法です。これを「アウトプットドリブン」と言います。資料をつくるとき、**最初にやることは、その資料のアウトラインイメージをつくる**ことなのです。

具体的には、パワーポイントを使ってタイトルだけをどんどん書いて、アウトラインをつくってしまいます。タイトルだけでスライドの中身はまだできていないので、空っぽです。なので、空（から）パックとか、空（から）スライドと呼びます。

そして、その空っぽのスライドの中身をどうしたら埋められるか、ということを作業タスクとして洗い出す。つまり、**アウトプットから逆算する**わけです。

空(から)パックの身近な例

身近な例で考えてみましょう。あなたが結婚式を挙げるとします。そのプランニングを、空（から）パックの考え方でやってみましょう。

ふつうは、結婚式場に資料請求して……、それからゼクシィを眺めて……といった具合にまずは関係しそうな行動から入り、情報をとりあえず集めてみる、ということをすると思います。そして、ある程度情報が集まったところで、検討に入ります。

これに対し、**アウトプットから逆算する空（から）パックの方法は、最初に式次第（進行表）をつくります**。何時からはじまって、誰が挨拶して、何を上映して、料理は何が出て、というように、実際の式のプログラムを書き出していくわけです。

具体的な中身はまったくなくても、どういう要素が必要かを洗い出して、中身は空（から）でもいいので、式次第を書きます。空（から）の式次第です。そして、この空（から）の式次第の具体的な内容を、どのように埋めていくかを検討します。それから、そのために必要な情報を、結婚情報誌やらネットを見て集める、という順番です。

たとえば、テーブルの上には招待客の名前のプレートが必要となれば、そもそも招待状は誰に出して、どういうデザインで、いつまでに何の返事をもらって……といった具合に、**それ自体がタスクの洗い出しにもなり、検討事項や、ワークプランニングにもなる**のです。

☑ **最終成果物のタイトルだけを書いた、中身が空(から)のパワポをつくり、中身を埋めていくためのタスクを洗い出す**

最終成果物の例

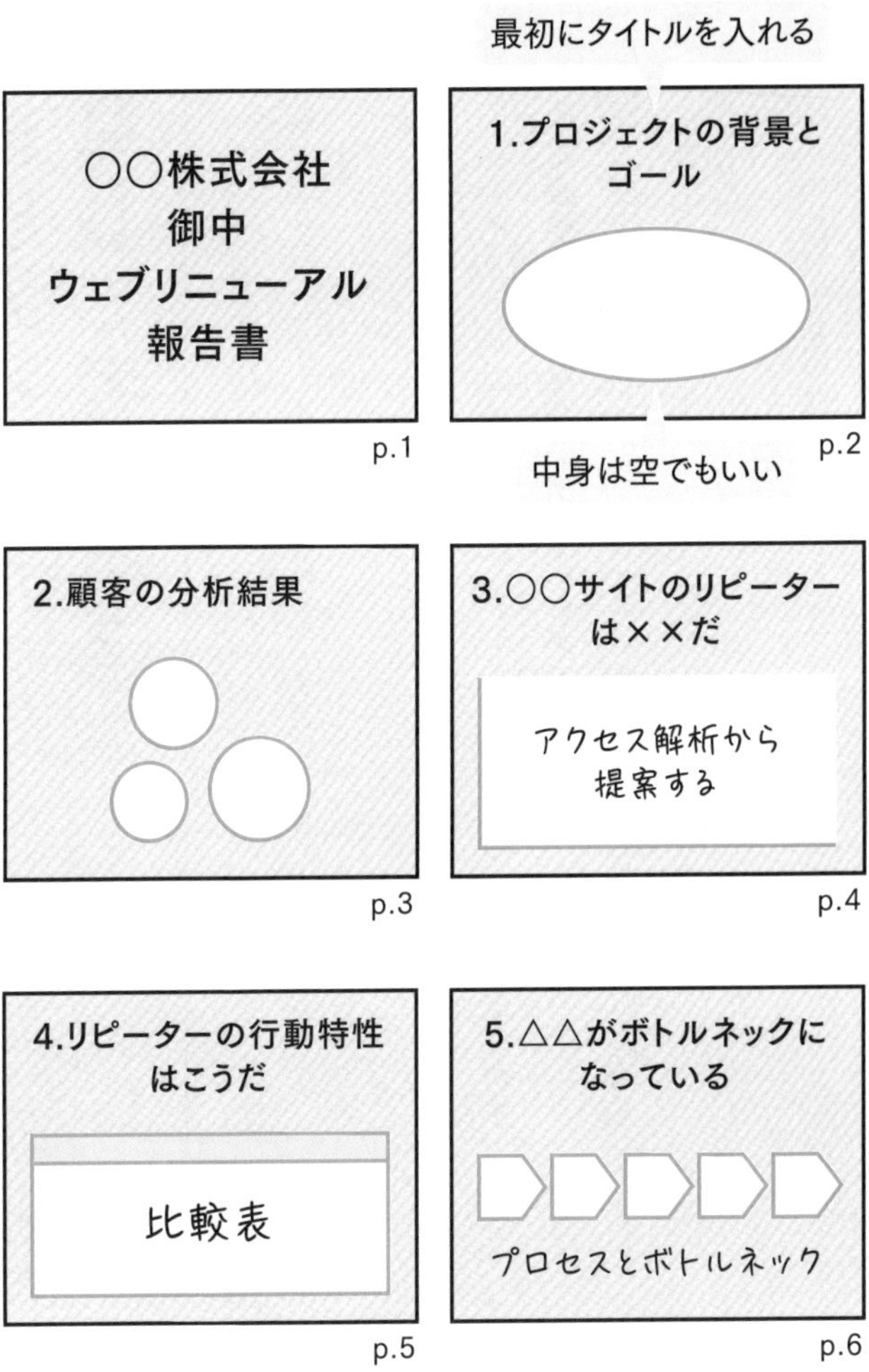
最初にタイトルを入れる
○○株式会社
御中
ウェブリニューアル
報告書
p.1
1.プロジェクトの背景と
ゴール
p.2
中身は空でもいい
2.顧客の分析結果
p.3
3.○○サイトのリピーター
は××だ
アクセス解析から
提案する
p.4
4.リピーターの行動特性
はこうだ
比較表
p.5
5.△△がボトルネックに
なっている
プロセスとボトルネック
p.6

35

最終成果物から逆算して考える②

重要度

難易度

空（から）パックをつくると、次のようなメリットがあります。

①最終成果物がイメージできる

最終成果物をイメージできるので、ゴールや目的、何をつくるのかが、はっきりします。

②そのために必要な作業を洗い出すことができる

成果物から逆算して、何をしなくてはいけないかという観点で作業をリストアップすることができます。

たとえば、「リピート客は誰か」というスライドがあり、その中身が埋まっていないとします。リピート客についての分析を埋めないといけないわけですから、たとえば、サイトへのアクセス解析のグラフが必要で、購買データとの突き合わせの分析も必要といった具合に、そのスライドになければならない要素がわかります。

そして、そのグラフをつくるために、どういうデータを手に入れて、と逆算していくことによって、ワークプランにまで落とすことができるのです。

③ワークプランができる

その作業リストがワークプランそのものになります。

④それぞれの作業を切り出して、複数人に同時に依頼することができる

これは見過ごされがちな効果ですが、作業リストができて、成果イメージがあるので、最初の時点でどれとどれを並行して進めてもOKか、が頭の中にイメージできます。そのため、作業を切り出して、複数の人に同時に割り振ったりすることもできるのです。

⑤うっかりがない

最後の段階になって、「あれが足りない」「あれが抜けている」ということがありません。

新人の頃から逆算して考えるクセをつける

空（から）パックをつくるのは、案外高度な作業で、一年目の新人がいきなり行えることではないかもしれません。ただ、**どんなことでも最終アウトプットから逆算して考えるクセをつけておくべきです。**大きなプロジェクトでなくても、日々の小さな作業にもこの考え方は応用できますし、旅行や休暇をどうするか、英語力を上げるためにどうするかといったことでも、ひとつのプロジェクトとしてとらえれば、この方法が使えます。

次の本には、空（から）パックについて解説があります。

〈参考図書〉
『考えながら走る――グローバル・キャリアを磨く「五つの力」』秋山ゆかり（早川書房）

☑ **空(から)パックをつくると、それがそのまま作業リストになる**
☑ **日々の小さな作業にも空(から)パックの考え方は応用できる**

空パックをつくる5つのメリット

①最終成果物がイメージできる

ゴールや目的、
何をつくるのかが
はっきりする

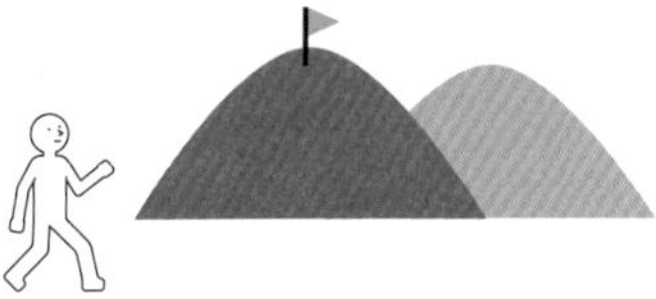

②必要な作業を洗い出せる

成果物から逆算して、
何をしなければいけないかの
作業をリストアップできる

③ワークプランができる

作業リストをもとに
プランができあがる

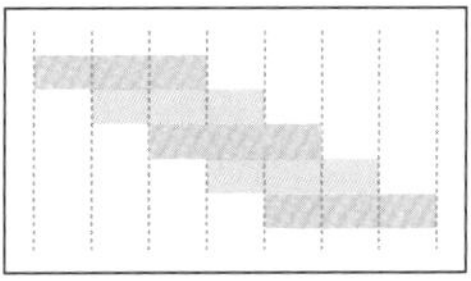

④複数人に同時に依頼できる

並行して作業を
進められるため、
複数人に依頼する
ことも可能

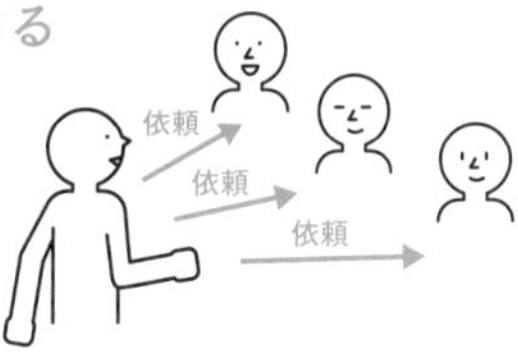

⑤うっかりがない

最後の段階になって
足りないものが出てくる
ことがなくなる

36

本は目的をもって読む

重要度

難易度

コンサルタントは、未知の分野に取り組む際に、短時間でひと通りの勉強をして、一定レベルまでキャッチアップする必要があります。インプットのスピードが遅いと、仕事についていけなくなることがあります。たとえば、資料の束を渡されて、明日までにざっと読んで要点をまとめておいて、といった作業を任されることがあります。

そういう場合、資料を逐一頭から読んでいては間に合いません。そこで、効率のよい読書法や勉強法が必要となります。これは、拙書『コンサルタントの読書術』に詳細を書いたのですが、ここではそのエッセンスを紹介します。

●読書の目的を絞る、明確にする

多くの人は、何が知りたいのかということを明確にしないまま、なんとなしに本を選んで、頭からお尻まで順番に読んでいます。本の中には、いま必要としている情報も、そうでない情報もいろいろなものが混ざっていますが、それを取捨選択することなく、満遍なく読んでいる。つまり、「はじめに本ありき」になってしまい、自分が何を知りたいのか、どうしたいのか、何のために本を読むのかという「目的」を忘れてしまっているのです。

でも、**目的によって、本の読み方は変わってきます。**同じ本を読んでも、目的や目的意識が違えば、注目すべき場所も違うし、読み取る箇所も違ってきます。ですから、最初に「この本では何を知りたいのか？」という目的を明確にすることがとても重要です。

目的達成のために本を読むのですから、本のすべて一字一句に目を通す必要はなく、目的に沿って役に立ちそうな部分だけに目を通せば十分ということになります。

●重要な部分だけ読む

そして、次に、**ざっと目次を追って、関係しそうな箇所に付箋を貼ったり折り目をつけたりして目印をつけます。そして、該当箇所だけをざっと読んでいく**のです。

また一冊の本だけではなく、なるべく多くの本や資料から幅広く必要な箇所を読んでいきます。こういう読み方は、ウェブの検索に近いと思います。

ウェブの場合、こうした拾い読みの方法を、誰もが無意識にマスターしているものです。ところが、本というフォーマットになった途端に、目的意識が不明確になり、拾い読みができなくなってしまうのはどうしてでしょう？　おそらくは、本が高価なこと、一度に一冊しか手に取らないといったことが関係しているのだと思います。コンサルタントが高速で資料を自分の中にインプットできるのは、このようなウェブサーチ的な読書法をとっているからです。大量の資料を用意して、検索&拾い読みをしていくという感覚です。

●多くの文献を読む

コンサルタントは、あるテーマについて調べるとき、積み上げるとだいたい2メートルくらいになる量の資料に、2日から3日で目を通します。

そのボリュームの本なり資料なりを、目的意識をもって検索&拾い読みすると、その道の専門家と話しても、だいたいポイントをつかんだ議論ができるようになります。

そして、そのテーマでもっとも大事だと思う中心部分を、さらに専門的な本を使って今度は読み込んでいきます。こうすることで、広く浅くだけではなく、広くかつ深い知識を得ることができるようになります。

☑ **本ありきで漠然と知識を積み上げるのではなく、目的ありきで本を読む**

効率のよい読書法

●目的を明確にする

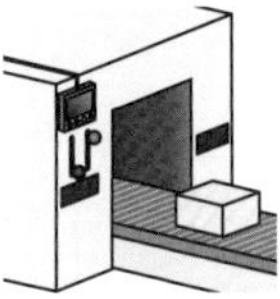

業務上、新しい知識が
必要になる

→

目的に関連する
書籍を読む

●重要な部分だけ読む

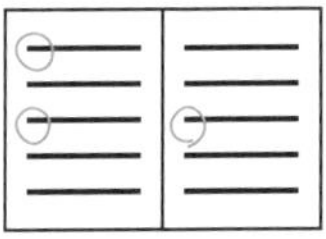

まず目次を読んで
関係していそうなところに
目印をつける

→

該当の箇所だけを
ざっと読んでいく

●多くの文献を読む

大量の資料を用意して
検索＆拾い読みしていく

→

短い日程で
重要なところだけ目を通す

37

重点思考で速さを2倍3倍に

重要度

難易度

コンサルタントはとにかく仕事が速い。と言うか、尋常でない速さが求められます。

でも、彼ら、彼女らが抜きん出て優秀で頭の回転が速いから、それが可能になっている、というわけではありません。人に与えられた時間は24時間と平等ですし、どんなにタフで頭の回転の速い人でも、10倍も20倍ものスピードで作業ができるわけではありません。

もっとも大事だと思うことのみにフォーカスして、瑣末なことは「たいした影響がないから、とりあげない」と割り切ります。

こういう考え方を「重点思考」と言います。「20対80の法則」とも呼ばれています。

「売上の80%を、わずか20%の顧客がもたらしている」

「エラーの80%は、わずか20%の業務から発生している」

「組織のパフォーマンスは、トップ20%の人の働きによるところが大きい」

などがその例です。つまり、**その80％という大多数を決める20％の要素にだけ注目して仕事をしよう**、ということです。**20％だけ検討すればよいなら、スピードは5倍**になります。もしくは、同じ時間をかけるとすれば、20％の重要な部分を5倍の密度で深く掘り下げることができます。コンサルティングのプロジェクトというのは、2ヶ月とか3ヶ月といった短期集中型ですから、課題になっていることをすべて検討することはできません。

大事なことにフォーカスして、ディープに掘り下げる

だから、何が大事なのか、何がインパクトがあることなのかを早めに見極めて、それだけに集中して議論をする方法をとります。

たとえば、マーケティングのプロジェクトがあったとして、最初のうちに顧客について調べて、ある程度の傾向をつかんだとします。その段階で、さらに細かく議論する前に、会社にとっていまいちばんインパクトがあって重要な顧客層をひとつふたつに絞り込みます。そして、そのひとつふたつについては深く分析して、密度を濃く掘り下げるのです。

つまり、**早めに重要な部分を見極めて、残りは切り捨てる**。そして**重要な部分は深く深く**

追求するやり方です。

フォーカスしたのち深く追求するので、これを**「フォーカス&ディープ」**とも言います。

なお、この反対が総花的なやり方です。ノーフォーカス（総花的）なのにディティール（細部）にこだわろうとする。このやり方では、すべてを時間内に検討できませんし、ディティールにこだわるので、一つひとつもなかなか検討が進みません。結局時間切れになって、アウトプットはゼロということになります。

なお、前項で紹介した効率のよい読書法は、重点思考「フォーカス&ディープ」を本の読み方に応用したものです。目的意識をもって「その本から何を得たいか?」をはっきりさせて、ウェブで検索&拾い読みするように、必要な箇所だけを拾い読むという方法でした。

これは、逆の言い方をすれば、**必要なところ以外は読まない**、切り捨てるということです。その代わり、ざっと俯瞰したあと、重要だと思った部分は、今度は深く文献を読み込んでいく。まさに「フォーカス&ディープ」です。

- ☑ **スピードの秘訣は、「余計なことをやらない」こと**
- ☑ **大事なことだけに集中して議論をする**

重要箇所を深く追求するフォーカス&ディープ

フォーカス

重要な部分を見極めて残りは切り捨てる

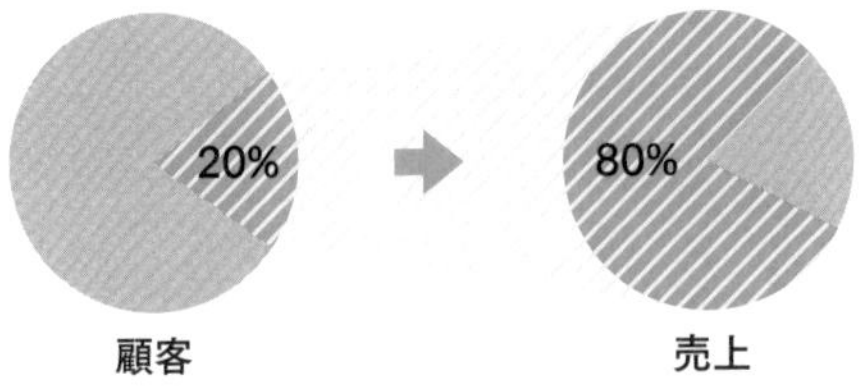

売上の80%をわずか20%の顧客がもたらしている
残りの80%は切り捨てる

ディープ

重要な部分は深く深く追求する

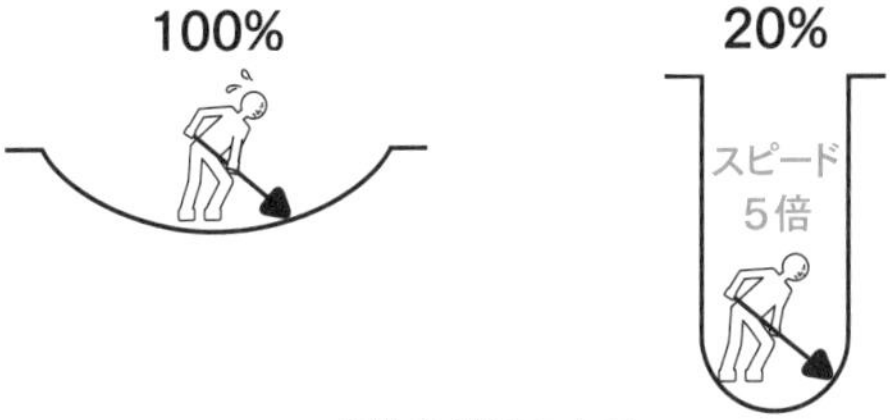

条件を絞ることで、
深く分析して密度濃く掘り下げる

38

捨てる技術の磨き方

重要度

難易度

多くの人は、切り捨てることが苦手です。なぜなら次の2点ができないからです。

①切り捨てることに罪悪感がある

どうでもいいことであっても、切り捨ててしまうのは、「ショートカット」とか「邪道」だとか、そういう表現をされることがあり、あまりいい印象がもたれていません。

「重要でないことは捨ててもいい」
「必要でないことはやらなくてもいい」

そういう「邪道もあり」だというお墨付きが必要なのかもしれません。

②何が重要で何が瑣末なことかの判断がつかない

これがいちばんの問題です。どうしてそうなるかというと、結局自分の頭で考えておらず、適切な問題設定ができていないからです。

本を読むときにも、目的をはっきりさせるには、自分が何を知りたいのかを自問自答する必要があります。そういう自問自答は面倒だからと避けがちになりますが、それを避けていては、結局、何が重要で何が瑣末なことかについて、自分なりの判断をもつことができません。結局、わからないから、全部やっておこう、全部読んでおこうということになってしまいます。

外国語の効率的な勉強法

たとえば、事業開発コンサルタントの秋山ゆかりさんは、わたしがインタビューをしたとき、仕事のためにロシア語の勉強をされていました。そこで、覚えているロシア語の単語帳のようなものを見せてもらうと、そこには1～1000までの番号を振った単語が並んでいました。「719番 простить (to forgive)」のように。

その番号は何かと聞くと、ロシア語の新聞・雑誌の文章をコンピュータ解析して、もっともよく使われる単語を1000語リストアップしたものだということでした。

何の言語でも、頻出の1000語を覚えると、日常の7、8割のことは理解できるようになるとのこと。頻出単語をあらかじめ1000語特定してしまえば、あとはそれを覚えるだけ。と言ってもその努力は必要ですが、少なくとも努力の効率がいいと言えます。これも、「重点思考」による勉強法と言ってよいでしょう。

なお秋山さんは、英語、フランス語のほかに、イタリア語、ロシア語をこのようにして習得したとのことです。

やらないことを決めて、努力を最適化する方法は、次の本が詳しく触れています。

〈参考図書〉
『得点力を鍛える』牧田 幸裕（東洋経済新報社）

☑ **大事なのは、何が重要で何が瑣末なことかについて、自分なりの判断をもつこと。それがわからないと、捨てる勇気ももてない**

切り捨てができない２つの理由

①切り捨てることに罪悪感がある

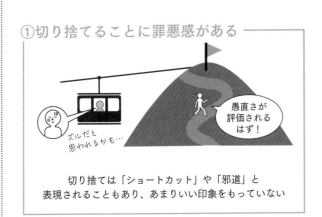

切り捨ては「ショートカット」や「邪道」と
表現されることもあり、あまりいい印象をもっていない

②何が重要なのかがわからない

何が重要で何が瑣末なことかについて、
自分なりの判断をもてていない

39

プロジェクト管理ツール、課題管理表

重要度

難易度

プロジェクト管理の基礎を学んでおくと、将来にわたって応用がききます。

プロジェクト管理とは、複数人で仕事をするときに、進捗を管理したり、課題を管理したり、意思決定をしたりするというもの。**関わる人が多くなってくると、こういうことをきちんと管理して、スムーズに物事を進めていくことが求められます。**ＩＴの開発などでは、ときに数百人もの人が関わることがあるため、進捗を厳密に管理して、全体が滞りのないようにする必要があります。

簡単にできて、ずっと役立つ、プロジェクト管理の原型のようなものがあります。それが「課題管理表」です。課題管理表とは**エクセルに、プロジェクト進行上の課題をリストアップして関係者が進捗や状況を確認し合う表のこと**です。原型をひとつ覚えておけば、いろいろな場面や分野で、カスタマイズして使えるので、ずっと威力を発揮し続けます。

特に、複数の関係者が入り乱れ、しかも各自が別々の場所で作業しているような場合は、状況をちゃんと整理しておかないと、認識にズレが生じて、できているはずのものができていなかったり、違うことをはじめてしまったり、ハチャメチャになりがちです。

そこで課題管理表を使うことで、**課題を整理して、関係者の認識を一致させます。**

課題管理表の具体的な書き方

具体的には、次のようなものが最低限、課題管理表に挙げる項目です。「番号や日付」「カテゴリ」「課題の内容」「対応の方針・結果」「ステータス」「担当」「期限」です。エクセルを使い、これらの項目を横に記載し、課題は縦に番号を振って並べます（本項図参照）。

課題管理表を役に立つようなものにするには3つの重要な方策があります。

①担当者　誰がやるのか？

②期限　いつまでに終わらせるのか？

③方向性　その課題を解決するために、どう取り組むのか？

特に3つ目は大事です。たとえば「タイトル」だったら、方針の欄には「各自タイトル案を5つ出して、次回の会議で議論」といったように、解決の方向性を書き込みます。記述のコツは、**曖昧な部分を残さない**こと。これが大事です。

たとえば対応方針のところの記載が、「来週までにがんばる」とか「善処する」とかではダメです。ここが曖昧だと、結局、翌週になっても課題は解決されないままでしょう。「達成可能な目標」と言っていますが、実際に目に見える形で達成の姿が浮かぶような目標設定が大事です。そのためには、たとえば次のようなことが重要になってきます。

- **「追加企画を考える」ではなく、「企画案を3つ出してくる」のように数字を使う**
- **「テープ起こし」であれば、「とにかく文字に起こしたラフ案を用意する」というように、成果物のレベルを明示する**

この表をアップデートして管理するのが、「進捗ミーティング」です。**課題管理表はそのまま進捗ミーティングの題目になります。**

> ☑ **課題管理表は、課題を共有して、役割を決め、期限を切って進めていく、もっとも簡単なプロジェクト管理ツール**

シンプルな課題管理表のイメージ

No.	カテゴリ	課題	対応方針	対応結果	担当者	ステータス	期限
1	講演テープ起こし	講演の一部分の録音がない（QAに入ってから）	他の録音者がいないかを探す。出版社、コミュニティメンバーを当たること	調査の結果、録音がないので、あきらめて、QA部分は思い出して書き起こす	大石	完了	9/14
2	QA部分の書き起こし	QAの質問をつくる	吉田さんが記憶をもとに、適切なQAを15個作成。その中から10個選んで、新しく原稿を書き起こす	完了	吉田	完了	9/20
3	QA部分の書き起こし	Q5回答部分、大石の回答が抜けている	—	この質問に関しては、大石からの回答はなしでOKとする	大石	完了	10/15
4	タイトル	タイトル案出し	各自タイトル案を5つ出して、次回の会議で議論		大石 松井	作成中	10/20
5	表紙イメージ	イメージをデザイナーに伝える必要あり	似たようなイメージの他の表紙を、大石・松井がみつけてきて、デザイナーに送付		大石 松井	作成中	10/20

数字を使い成果物のレベルを明示することで、曖昧な部分を残さない

CHAPTER

4

プロフェッショナル・ビジネスマインド

40

ヴァリューを出す

重要度 ■■■

難易度 ■

コンサルタントがよく使う言い方のひとつに、「ヴァリューを出す」というものがあります。ヴァリューとは直訳すれば**「付加価値」**です。さらに、ひとことで言うと、それは、**「相手に対する貢献」**です。他人に対する貢献ができ、相手が価値あるものと感じてくれるなら、その仕事にはヴァリューがある、と言えます。ここで大事なのは、あくまで評価するのは相手だということです。**仕事の価値を決めるのは、自分ではなく、相手**です。

「あなたの作業にヴァリューはありますか?」という質問の意味は、「あなたがやっている作業は、作業のための作業ではなく、クライアントの問題を解決するために役に立つものですか?」ということです。これを常に自問自答すること。クライアントが「価値がある」と思わなければ、あなたがどんなに時間を費やしても、それは単なる自己満足にすぎません。その仕事に、ヴァリューはありません。

ヴァリューを出す、と言っても、なにも大きなこと、大それたことをする必要はありません。スキルがなければ、せいぜいできるのは、人より多くの時間を使って、がんばりでなんとかなる範囲のことをきちんとこなす程度かもしれません。それでも、**目線が、貢献すべき他者のほうを向いている限り、あなたの仕事には価値がある**のです。コンサルタントという職業においては、他人に貢献することを自己の喜びにできることがもっとも大事な素質です。

社会人は消費者ではなく生産者

社会人になると、物事の視点が、他者になります。相手がしてほしいと思うこと、相手が期待すること、それに応えるのが仕事になります。自分が何をやりたいのか、ではなく、相手が何を欲しているのか、どうしたら満足するのかを考えなくてはいけません。

このスタンスの違いは、「消費者」と「生産者」の違いです。学生のうちは消費者でよかったのです。学生はお金を払う立場ですから、大学の授業やサークルもすべて消費です。それらを通じて自分の満足を追求する、という広い意味での消費活動です。お金を払っているのだから、自分の期待と違ったときには「思っていたのと違う」と、落胆します。消費者の目線で「〇〇が足りない」という不満が出るのです。

ところが、会社に入っても「会社が〇〇してくれない」など消費者目線のままの人がいます。でも、社会人になったあなたは、消費者のままではいけません。あなたは会社のお客さんではありません。お金を払っているのは、あなたではなく会社なのです。

消費者目線でいる限り、会社に対して不満に思うところにばかり目がいき、自分の期待するものとギャップを感じてしまいます。そして、もっといい別の商品がないか（転職）を消費者目線で探しはじめます。しかし、本来のあなたの立場は、生産者です。

会社に入った、一人のプロとしてあなたが行うべき役目は、会社に貢献することであり、そして、その先にある消費者や取引先を満足させることです。

そして、コンサルティング会社であれば、クライアントの企業が改革を前に進めて、その経営が上向くことがゴールです。それ以外のことはどうでもいいのです。

☑ **ヴァリューとは付加価値のこと**
☑ **生産者として行うべき役目は、会社や消費者、取引先に貢献すること**

学生と社会人の違い

| 学生＝消費者 | 社会人＝生産者 |

勉強

借方	勘定科目	貸方
210,000	■■■■	
120,000	■■■■	
	■■■■	90,000
	■■■■	240,000

自分の能力を
上げるために勉強する

仕事に役立てるために
勉強する

歌

自分の歌いたいように
楽しく歌う

お客さんが満足するような
クオリティの歌を提供する

相手へのスタンス

受け身。相手がしてくれる
ことを期待したり求める

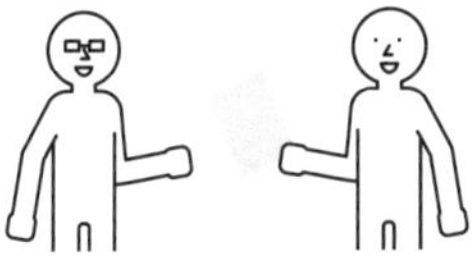

相手に貢献できるものを
提供し、満足してもらう

社会人のゴールは
他人に貢献すること

41

発言しないなら会議に出るな

重要度

難易度

「会議で発言しない人の価値はゼロ」――これが、コンサルティング会社の価値観です。

しかし、日本の伝統的な会社では、特に若手が会議で発言しないことは、よくあることです。ほとんどの人は無言で、ときどき頷いたりするだけで、意見を求められるまでは何も喋りません。でも、最後まで頷いているだけならば、その人の価値はゼロなのです。

わたしはコンサルタント一年目に参加した会議で、ふたつの理由から発言ができませんでした。ひとつ目は最初だったので緊張していて、口を挟んでいいものかわからなかったから。ふたつ目は、まともに言えるような意見を自分がもち合わせていなかったからです。

この会議が終わったあと、マネジャーから呼び出されました。

「大石さん、あなたがあの会議にいた意味は何ですか？　何も発言しないなら、次回から出ないでいいから、リサーチの作業を進めておいてください」

これはショックでした。名指しで、「きみはいらない」と言われたのと同じです。

何よりショックだったのはその理由でした。発言しない人はいらない。そう言われると
は思っていなかったのです。もとより、遠慮は通用しない組織だとは思っていたのですが、
ダイレクトに言われて、身に染みました。

たしかに、発言しない人は、なんの価値も生んでいません。**仮につまらない意見でも、
自分なりに知恵を絞って、何かを言ったほうがマシ**で、沈黙は無だったのです。

会議に出席することにもコストがかかっている

**会議とはセレモニーではなく、実際に物事を前に進めるために行われるチームワーク上
の作業**です。そのチームワークの中で、一人だけ何もしない、アイデアも出さなければ、
意見も言わないのであれば、その会議になんの貢献もしていないのと同じです。

そういう態度は、「遠慮や配慮」ととらえられるのではなく、「**チームに貢献する意思
がない**」と判断されます。そのくらいならまだいいのですが「貢献できるスキルや内容を
もっていない」と思われる場合があります。つまり、それはシンプルに言って、**「無能」**

を意味するわけです。発言をしない人が会議に参加して何も生み出していない間も、その人の人件費を誰かが負担しています。コンサルタントはクライアントがお金を払って雇っているわけです。仮に、1時間のコンサルティング単価が1万円だったとしましょう。もし1時間の会議で何も話さない人がいたら、クライアントは、なんの価値も生まない人に1万円のコンサルティング料を支払ったことになります。

社内での会議だとこうしたコスト意識は希薄になりがちですが、コンサルタントの場合は、時間単価と、それに見合った仕事をしているかどうかを常にチェックされる側にあります。ですから、会議ひとつとっても、これだけ厳しく言われるのです。

コンサルタント一年目は、論理思考などのスキルを身につける時期です。しかし、それ以上に大きいのは、プロフェッショナル・マインドを叩き込まれたことです。このマインドは、何十年経っても生きるもので、一度身につけると、なくなることはありません。

☑ 会議で発言しない人は何の価値も生んでいない
☑ 会議は物事を前に進めるために行われるチームワーク上の作業

会議で発言しない人の価値はゼロ

会議とは物事を前に進めるための
チームワーク上の作業

↓

発言しないのは
チームに貢献する気がないということ

↓

発言しない人の価値はゼロ

**会議で発言しない人は
プロフェッショナル・マインドに欠ける**

42

「時間はお金」と認識する

重要度 ■■

難易度 ■

わたしがふたつ目のプロジェクトに配属され、クライアントのオフィス内で仕事をしていたときのことです。このプロジェクトでは、クライアントがふだん仕事をしているまさに同じフロアで、同じように机を並べて仕事をしていました。われわれコンサルタントチームの一挙一動が、クライアントから丸見えになる環境でした。

このとき、わたしは飲みものなどを買い、休憩スペースでくつろいでいました。クライアントの会社の社員も、同じスペースで休憩してタバコを吸っています。ここで、わたしはちょっとリラックスしすぎて、同期のコンサルタントと長いこと雑談をしてしまいました。その後、プロジェクトのマネジャーはわたしを呼び出し、諭すように言いました。

「大石さん、仕事中に休憩をするのは大事だけれども、時間を決めて、また、プロフェッショナルな態度で休憩をとってください」

たしかにもっともな指摘です。あまり長く休まない。雑談は控える。仕事におけるマナーです。しかし、そのあとの理由づけが、当時のわたしの想像とは異なりました。

「大石さん、これはマナーではなく、お金の話です。うちの会社がクライアントに請求している金額を知っていますか？　大石さんも一年目ながら、コンサルタントとして料金を請求しています。その額は、1時間に1万円といったところです。**20分も休憩していれば、その料金は何千円もの金額になる**のですよ。顧客は支払ったお金が何に使われているのかを見ています。だから、**プロフェッショナルな態度をとってください**」

ガツンときました。1時間に1万円というのは正直びっくりする額です。それほどの高額な料金をクライアントに請求しているとは、一年目のわたしは思ってもみなかったのです。こちらはせいぜい、ちょっとした時間を使っているだけのつもりでも、クライアントから見たら、わたしの雑談に、何千円もの費用を払っていることになります。

単に「時間は大事」と言われても理解できなかったでしょう。しかし、金額に落とし込まれたことで、完全に腑に落ちたのです。それ以降も、もちろん休憩はとりましたが、静かに休憩し、雑談は誰に聞かれてもいいようにごく真面目な話をするにとどめました。マネジャーのひとことで、このコスト感覚が体に染みつきました。

新人でも常にプロフェッショナルとして振る舞う

経営者は従業員に給料を払っています。経営者から見れば社員の時間は、お金そのものです。もちろん社員に気持ちよく働いてもらう環境を整えたり、効率よく仕事ができるシステムを考えたりするのも経営者の仕事。それでも社員には、会社にいるワークタイム中は、時間がコストであるという意識をもって働いてほしいと感じるのです。コスト意識をもつということは、無駄なことを一切するな、ということではありません。試行錯誤をしているうちは、無駄な作業や失敗は必ず生まれてしまいます。

大事なのは、最低限、自分がプロフェッショナルであるように振る舞うことです。

つまり、効率が悪くても、いまのスキルで最大限の努力を示すことです。自分の時間に対する振る舞いが、プロとしてふさわしいものか、常に自問自答してください。

- ☑ **クライアントや経営者から見れば、社員の時間はお金そのもの**
- ☑ **スキルがないなりにプロフェッショナルとして最大限の努力をする**

時間はお金と認識する

「1時間＝1万円」とすると……

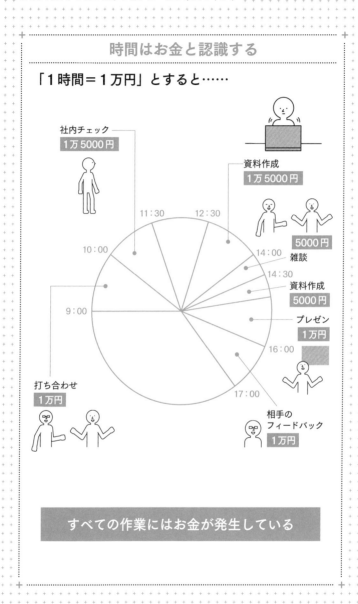

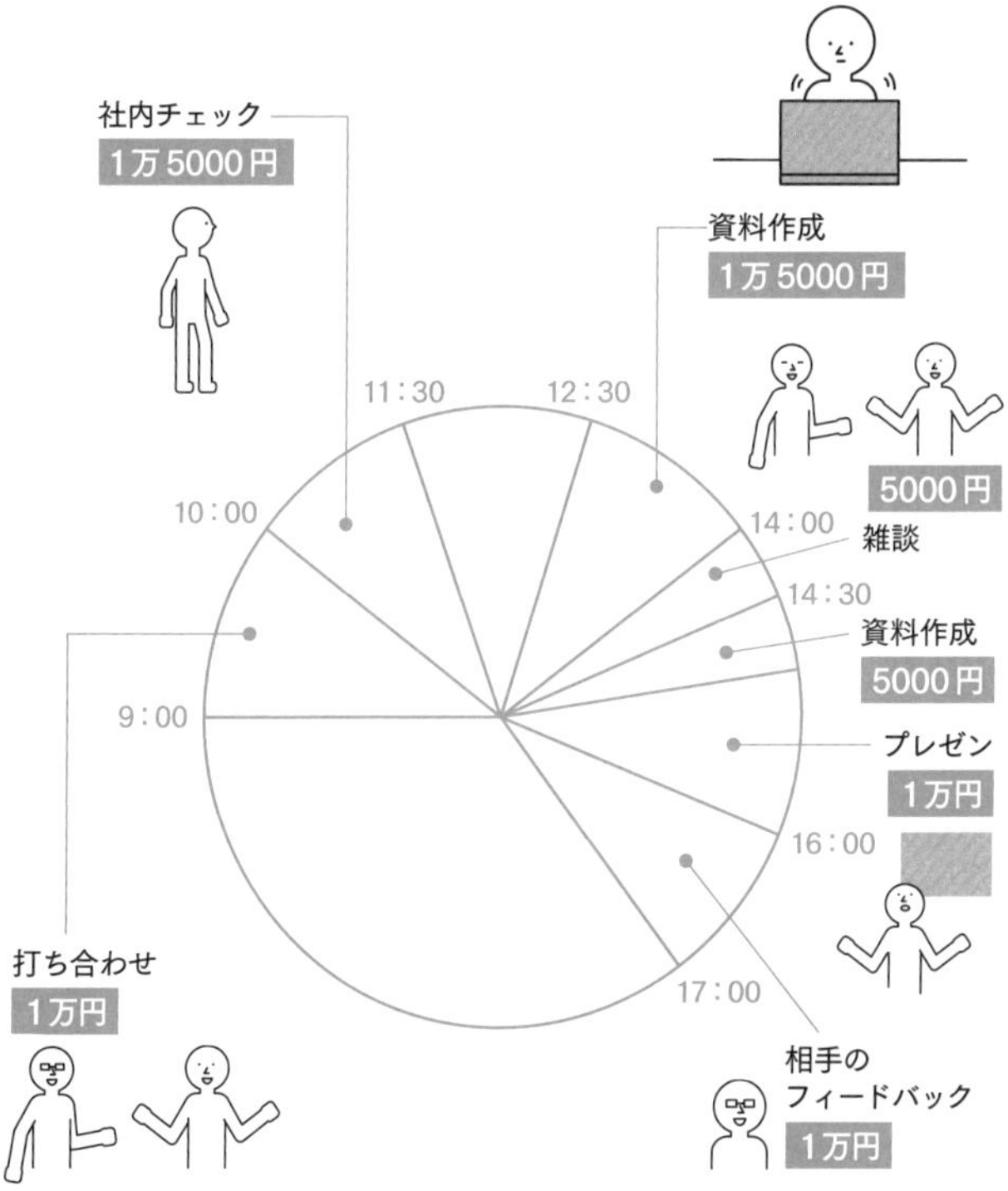

すべての作業にはお金が発生している

43

スピードと質を両立する

重要度 ■■■

難易度 ■■

「質の高いものにするには、なるべく多くの時間を使うことだ」

わたしがコンサルタントになってすぐ学んだことは、少なくとも仕事に関して言えば、これらは嘘であるということ。むしろ、早い段階でたたき台を出して、それを改良していくPDCAサイクルを高速で回すほうが、短時間に質の高いものができあがります。

大切なのは、Quick and Dirty を心がけること。反対語は、Slow and Beauty です。Quick and Dirty とは、直訳すれば、**「素早く、汚く」**ということ。**時間をかけて完璧なものを目指すよりも、多少汚くてもかまわないので、とにかく早くつくる**。出来は悪くとも、早く仕上げたほうがよいということです。

この重要性を、わたしの同期の牧田さんの新人時代の失敗談から説明しましょう。彼はマネジャーから製薬に関するリサーチを依頼されました。彼はリサーチ会社に頼めばすぐ事例は出てくるだろうと踏んでいました。しかし、翌朝、彼のもとに届いたのは、ぺらぺらの記事が1枚だけ。ここまでは、新人によくある失敗でしょう。しかし、彼は怒られたり、できないやつだと思われたりするのがイヤで、引き続き検索を続けることにしました。

「本屋に行けば何かある」と思い本屋に行っても何も見つからない。そのとき、マネジャーから電話があります。しかし、この状況を話せるわけもなく、電話には出ませんでした。

そして、時間だけがいたずらに過ぎます。時間が経つにつれ、マネジャーの期待値は高まっていきます。これだけ時間をかけたのだから、きっとよい結果が出てくるのだろうと。

「2日経ちましたが、進捗はどうなっていますか？　報告してください」

「すみません。2日調べましたが、わたしには調べられないことがわかりました」

マネジャーは泡を吹いて倒れそうになったそうです。その後、こっぴどく叱られたのは言うまでもありません。

早めに報告すれば軌道修正ができる

この話で重要なのは、**調査がうまくいかなかったから叱られたわけではなかった**という点です。一晩調べて何も出てこなかった、その時点でその「何も出てこない」という調査結果を報告すべきだったのです。**何も出てこないのは、つまり「公表されている新聞記事やレポートには、その種のデータは載っていない可能性が高い」という発見**です。

もし、彼がこのとき「日経新聞を3時間かけて全部調べましたが、何も出ませんでした。リサーチ会社にも頼みましたが、あまりデータをもっていないのではと思われます。ですから、製薬会社のOBに聞いてみるとか、医師や薬局にヒアリングするとか、方向を変えてみたほうがよいかもしれません」と報告していたら、どうでしょうか。

マネジャーは決して怒らなかったはずです。たしかに困った事態ですが、2日間調べ続けて、結局、何も出てこないリスクは軽減できます。3時間経った時点で、いままでのやり方はダメなので、アプローチを変える必要があると、軌道修正ができたはずですから。

時間をかけていきなり100点を目指すより、最初に早く前進して、ラフでもいいので答えを探るほうがいいのです。これが、"Quick and Dirty"です。

☑ **素早く、汚く。完璧でなくてもいいから、早く出す**
☑ **何も出てこない、という事実自体が貴重な発見**

うまくいかないときはすぐに報告する

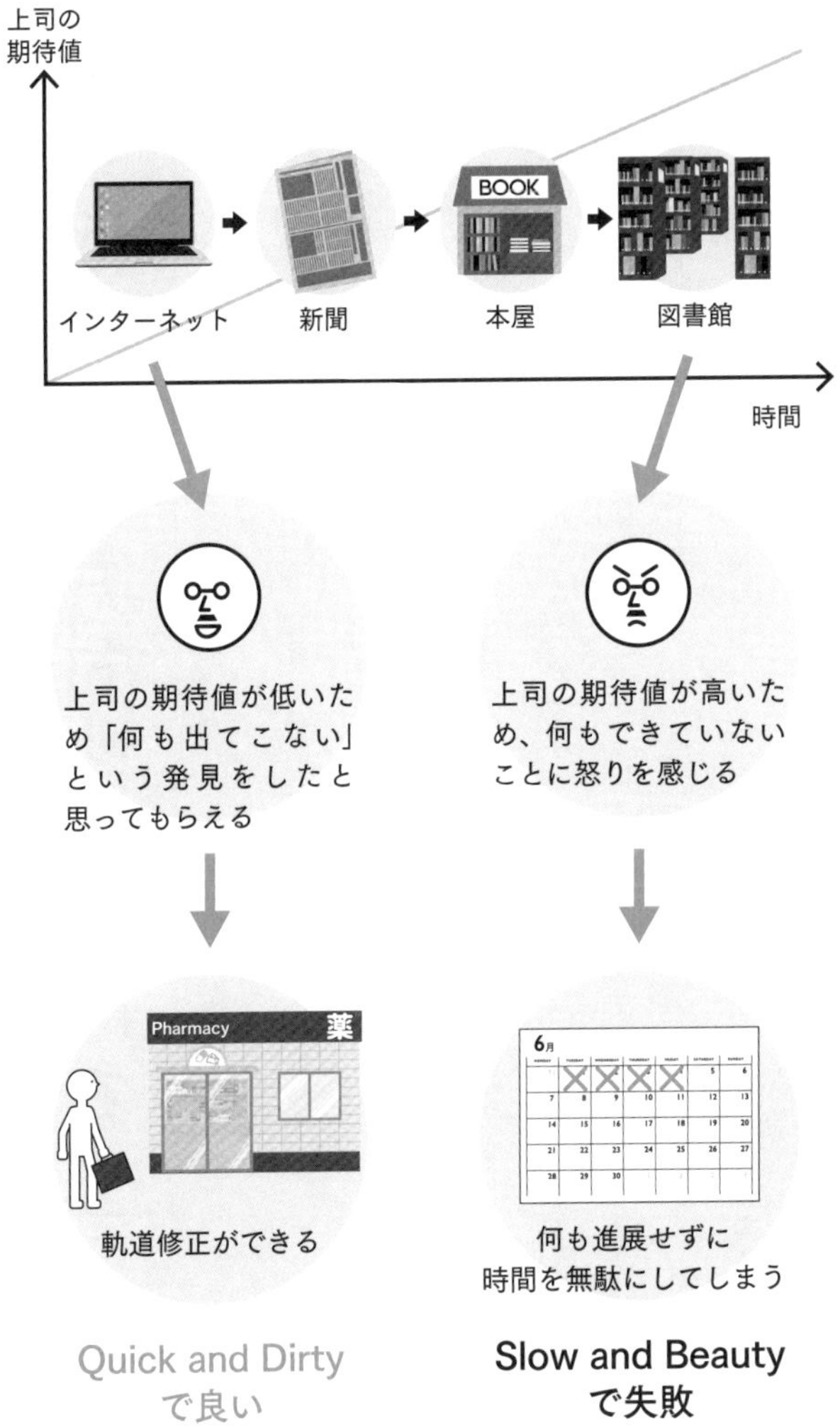

44

時間をかけずに、まずは大枠の方向性を決める

重要度

難易度

次の2点で、Slow and Beauty より Quick and Dirty のほうが理にかなっています。

ひとつは、時間の問題です。実は、0点から90点まで完成させるのにかかった時間と、90点から99点にいたるのにかかる時間は同じだと言われています。そして、99点から100点にするには、さらに同じだけの時間がかかる。**時間をかけても徐々に精度が上がらなくなっていく**のです。これは、ベル研究所のトム・カーギルが提唱し、90点から100点にするのは、0点から90点にするのと同じだけの労力が必要になるという意味で「90対90の法則」と言われています。

ですから、90点のところで止めておく。もしくは60点くらいでもOKとする。

60点じゃ使いものにならないのではないか、とお思いかもしれません。もちろん、最終の成果物が60点では困ります。しかし、**大枠の方向性を決めるには60点で十分**なのです。

たとえば、前項目のリサーチの例では、新聞と雑誌をリサーチし、文献を調べ、国会図書館に行って100点を目指した結果、成果はゼロでした。そのアプローチ自体が間違っていたからです。初期の段階で、アプローチ方法自体を変えてみるべきでした。

何もわからないときに知りたい情報は、東に行くか西に行くか、など大きな方向性です。

「文献で調べられるのか、それともやっぱり直接医師などに聞かないとダメなのか？」

実は早期に結論を出したいのはそこでした。ざっと文献をあたってダメだったという結果は、60点の結果かもしれませんが、大きな方向性のアンサーにはなっています。

東に行くか西に行くか、そういうことで悩んでいるときに、何ヶ月もかけて85・3度の方角に行きなさいといった100点の精度の答えは不要です。

それより役に立つのは、**「西はおそらくダメ」という結論を3時間で出すこと**です。そして東にちょっと進んでみて、さらに違う情報が手に入ったら、また方角を決めていく。重要なのは、**仮説検証のサイクルを高速で回すこと**です。

そのためにも、とにかくラフでいいので、おおまかな答えを見つけることを最優先とします。おおまかな答えにYESかNOが出たら、精度を高めることはあと回しにして（必要ならあとで行う）、次に進んだほうがいい結果につながります。

チームの一員の責務として、リスクは早めに開示する

ふたつ目は、リスクコントロールの観点です。締め切りギリギリになって、方向性が間違っていた、いままでのやり方がダメとなったら、すべてやり直しになってしまいます。方向性が違っても、早い段階なら、みんなの力で方向修正できますが、プロジェクト終了間際になって間違っていたら、たいへんなことになります。ですから、早めに方向性を出して、当たりをつけたほうがいいのです。その当たりをつけるということが、"Quick and Dirty"の仕事術です。前項の体験から牧田さんは次のように言っています。

「多くの人はチームで仕事をします。チームの一員としての責務は、リスクを一人でかかえ込まないこと。リスクは早めに開示することが、相手に対する思いやりなのです」

自分は完璧だと示そうと、何日もかけて100点を目指すのではなく、方向性が合っているかどうか早くたしかめて、早め早めに相談する。これは「報連相」の基本でもあります。

- ☑ **"Quick and Dirty"で早くラフを出し、PDCAサイクルを高速で回す**
- ☑ **リスクは早めに開示することがチームの一員としての責務**

PDCAサイクルを高速で回す

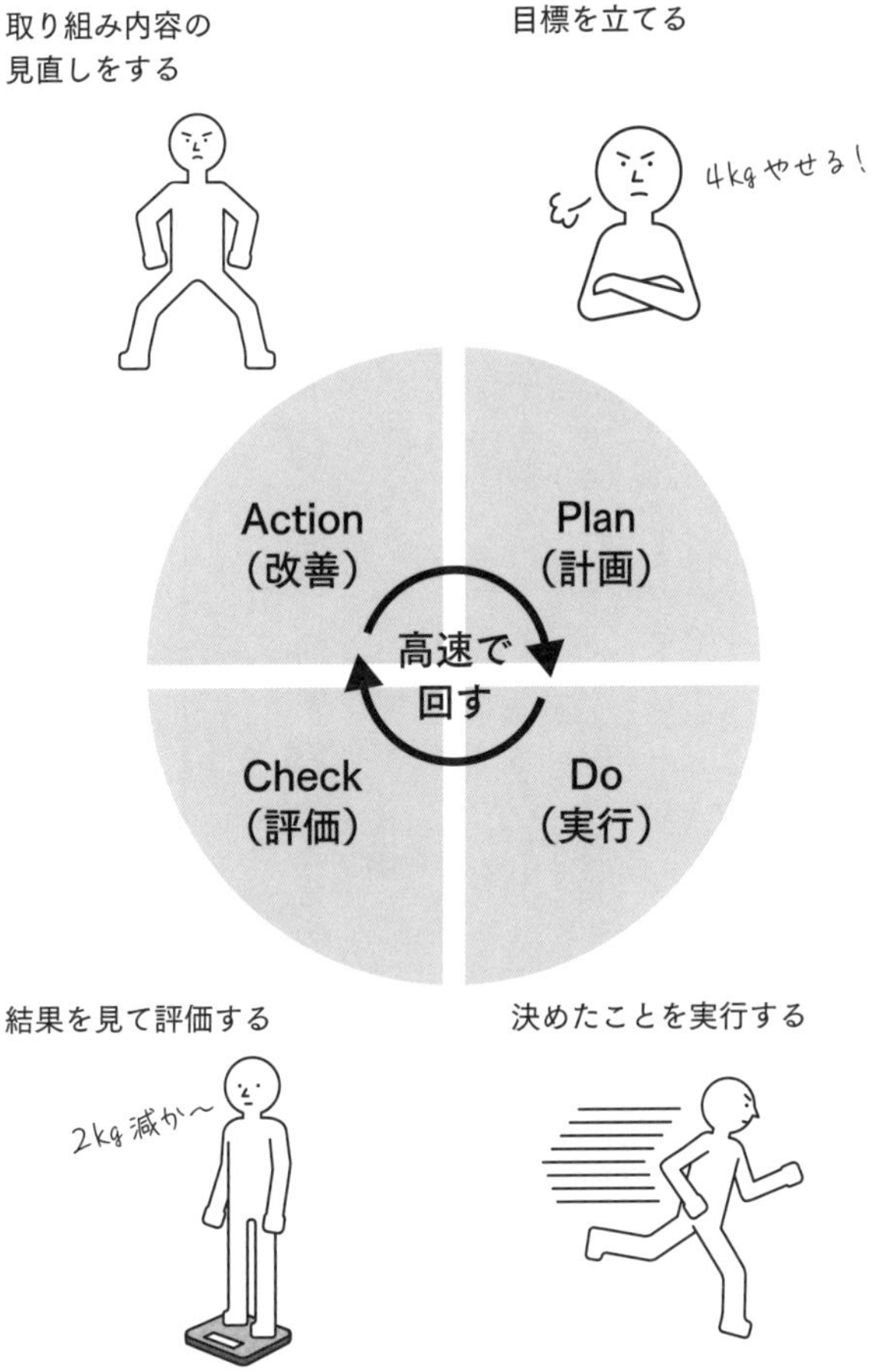

早めに計画・実行することで、
早く改善することができる

45

コミットメント力を学ぶ

重要度

難易度

仕事に対するコミットメントは、「約束したことを必ずやり遂げてくること」です。そして、約束した以上のものをもってくる。それが信用につながり、次のチャンスを広げます。

コンサルタントには常に高いコミットメントが求められます。しかし、彼ら、彼女らだって学生時代から、何にでも強くコミットする力をもっていたわけではありません。

田沼隆志さんは、コンサルタントから衆議院議員へと転身された方です。田沼さんは、コンサル一年目に身につけたコミットメント力が、いまも役立っていると言います。

彼は、1つ年次が上のコンサルタントと2名でチームを組み、翌日のクライアントとの会議に使う資料を作成していました。しかし、前日の夜だというのに、まったくできていない。会議は翌日です。こういう場合、クライアントに頼めば延期してもらえる可能性もあります。スケジュールに無理があったと言えば、相手も理解してくれるかもしれません。

しかし、先輩コンサルタントは、徹夜の道を選びました。資料ができないのは、スケジュールの問題ではなく、自分たちの能力が足りないからだと考えたのです。約束した資料をそのスケジュールで用意すると約束したのは自分たちだ。一度約束したからには、必ずもっていかなければいけない。田沼さんは、図らずともそれにつき合うことになりました。

徹夜での資料作成を終えた、翌朝。30枚ものパワーポイントができあがっていました。早速マネジャーにもっていき、チェックを受けたところ、「期待値には届いていない。だが、時間には間にあった。そこは認める」と部分的ではありますが、褒めてくれました。

この話で大事なのは、努力の姿勢を見せたことではありません。**彼がコミットした対象**です。もし、単にマネジャーの評価を気にしてのことなら、そこまでの力は生まれなかったでしょう。しかし、**彼の目線は、社内ではなく、クライアントに向けられていました。**クライアントの成功に、彼はコミットしました。それが伝わったのです。

人の手を借りてでも約束を果たすことを最優先する

もうひとつ、わかりやすい例があります。新人研修の話です。その研修では、とても難しく、かつ期限に間に合いそうにない大量の課題が与えられたそうです。

あるコンサルタントは、とにかく必死に努力してなんとか課題を間に合わせました。別のコンサルタントは、自分の実力ではどうにもならない部分があったので、人に聞きました。それだけではなく、なんと、一部は他人に頼んで代理でやってもらいました。その結果、自分では全部できなかったけれども、ちゃんと期日に、課題を完成させました。

この二人の評価は「同じ」でした。後者がダメだという評価にはならなかったのです。

これはつまり、約束したことをするのにあたり、当人たちが非力だった場合どうするのかという話です。コミットメントの観点ではクライアントを起点に考えます。

ですから、**自分たちで手に負えないと判断したなら、ヘルプを呼ぶことが正解になります。極論を言えば、代わりに誰かにやってもらってそれをそのまま提出して間に合わせてもよいのです。**なぜなら、責任はクライアントに対して発生しているからです。

コミットする対象は、常に、クライアントとの約束です。

☑ **がんばることに対してコミットしてはいけない**
☑ **常に自分が貢献する相手にコミットメントをもつ**

コミットすること・しないこと

コミットすること

仕事の成果

約束したことは多少の無理をしてでも終わらせる

自分が貢献する相手

大切なのはクライアントから満足してもらうことなので、一人でやり切ることにこだわらない

コミットしないこと

社内の上司

上司の目を気にするのではなく、クライアントを第一に考える

がんばること

がんばりを評価してもらおうとしてはいけない

46

コミットメント力の高め方

重要度
難易度

強い意思をもって仕事に打ち込むのは、並大抵のことではありません。ここでは、コミットメント力が高い人に共通しているポイントを2つ提示します。

①仕事内容に納得している

なぜ、コンサルティング会社ではみなコミットメント力が高いのでしょうか。

それはみな、コンサルティングがやりたくて入ってきているからです。もともと独立する人も多いコンサルティング会社には、**そこに定年までいようとか、安定した仕事としてしがみつこうという目的で入ってくる人はいません**。基本的に自立しています。

つまり、組織としてコンサルティング会社に入りたかったからではなく、職業としてコンサルティングをやりたくて入社してきています。自分が望んで、納得してやりたいと思った仕事を選んでいる。だから、仕事が楽しくてしかたがないのです。

②コミットメントが高い組織にいる

もうひとつは、コミットメントの高い組織にいることです。コミットメントは伝染します。周りの人のコミットメントが高い組織にいれば、それに感化され、強いコミットメントが醸成されていきます。コンサルティング会社もそのひとつですし、ベンチャー企業にもコミットメントが高い組織は多いことでしょう。もちろんそういう会社は珍しいので、多くの会社では、コミットメントが高い人と、低い人が混在していて、温度差があります。そういう場合は、コミットメントの低い人の影響をなるべく避けること。

コミットメントの低い人の影響を若い段階で受けてしまうと、それが染みついてしまいます。社内では、若いうちは配置を選べない部分もあるかもしれません。そんなときは、直接の上司でなくても、この人だと思った人に頼んでメンターになってもらうのも手でしょう。メンターならば、社外の人でもかまいません。

とにかく、**コミットメントが高い人になるべく近づいて、影響を受けられる環境をつくってください。**

どうしてもコミットできない環境なら、ときには仕事を変えてみる

転職をお勧めする場合が2つありますので、書いておきます。

ひとつは、入社してみて、**社内全員にコミットメントがない**ことに気づいた場合。そこに3年もいると、その思考が染みついてしまいます。若いうちに染みついた行動様式を、あとから塗り替えることは極めて困難です。もうひとつは**コミットメントの高い会社に入ったはいいけれども、その会社を選んだことに納得がいっていない**場合。

自分が納得していないままの場合、周りの人はあなたに高いコミットメントを求めますが、あなたはそうでもない、というギャップが生まれます。

これは非常に苦しいことで、下手をすると精神的に追い込まれ、重大な事態を招きかねません。そういう場合は、ときに仕事を変える勇気をもつことも大事です。

☑ **自分でこの仕事を選んでいる、という意識がコミットメントを高める**
☑ **コミットメントが高い人に影響を受けられる環境をつくることが重要**

コミットメント力が高い人の共通点

①仕事内容に納得している

自分がやりたくて
その仕事を選んでいる

苦しい作業も
頑張れる

②コミットメント力が高い組織にいる

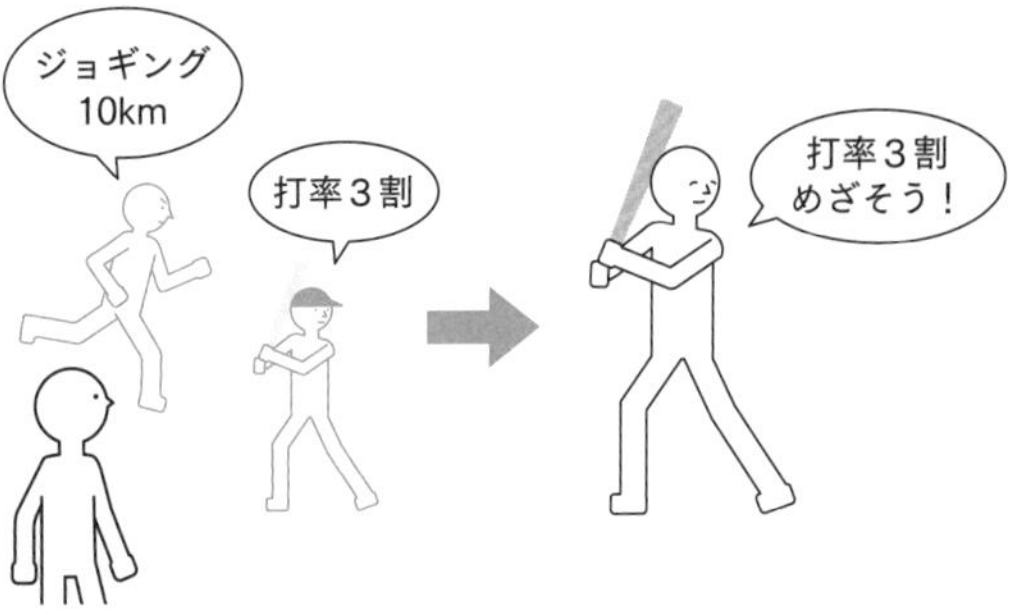

周りの人の
コミットメント力が高い

自分も感化されて
コミットメント力が高くなる

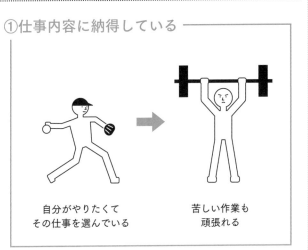

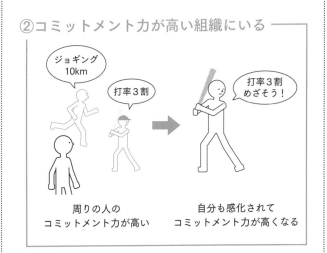

47

師匠を見つける

重要度

難易度

若いうちは、どのような仕事をするかより、誰と仕事をするかのほうが大事です。ですから、仕事選びよりも、**いっしょに仕事をする人選び**を大事にしてください。**人格的に、能力的に、この人だと思う人の影響を受ける**ことです。

コンサルタントは、プロフェッショナルな仕事です。もちろんノウハウ化できたり座学で学べるようなスキルの部分もあるかもしれませんが、それは、すでに本になって、本屋に並んでいます。言語化できるような仕事は、すでにコモディティ化（一般化）していて、差別化はできません。それ以外の、言語化できない暗黙知の部分こそがプロフェッショナルにとって大事です。

プロフェッショナルとは、神に宣誓する（プロフェス）からきている言葉です。そこでは、利益や合理性といったものを超えた、非経済的なものが大事になってきます。だからこそ、医者、弁護士、音楽家、スポーツ選手、なんでもプロフェッショナルと呼ばれる人は、技術のほかに、独自の美学や哲学をもち合わせています。

そして、**その美学や哲学は、師匠のそばにいて、師匠の息を感じながらそれを真似ることによってしか身につきません。**この世界はいまだに徒弟制度です。だから、一年目には、徹底的にそういう人のそばにいる必要があります。

以上は、今回取材をした山口揚平氏（ブルー・マーリン・パートナーズ株式会社 代表取締役）の言葉です。わたしもこれに強く同意するため、丸々引用しました。

守破離とは

これは茶の湯や武道における「守破離」の考え方です。茶の湯や武道のような伝統的な師弟関係をとらえた言葉です。

「守」は、守る。まずは、師匠の一挙一動を真似る。息づかいから、何から何まで真似てみる。

「破」は、破る。師匠とは違った考え方や、ほかのやり方も覚えて、幅を広げていく。

「離」は、離れる。最後は、師匠のやり方、ほかのやり方を超え、自分なりの独自の技を生み出していく。

これは、仕事の覚え方にも通じるところがあります。一年目は、徹底的に「守」、つまり、師匠の一挙一動を徹底的に真似るということでしょう。

今回の取材でも、各コンサルタント出身者が、いかに新人時代に「守」を徹底したのかについての話をよく聞きました。

たとえば、ある方は、マネジャーの話し方・間の置き方・メールの書き方・使っているペンの種類・服装・言葉遣い・食事の食べ方、はたまた怒ったクライアントへの対応にいたるまで、そのすべてを真似たと言います。

そこまで徹底して真似てはじめて、次の段階を目指すことができるということです。

☑ **言語化できない暗黙知の部分を、師匠から、徹底的に真似る**

守破離とは

守 師匠の一挙一動を真似る

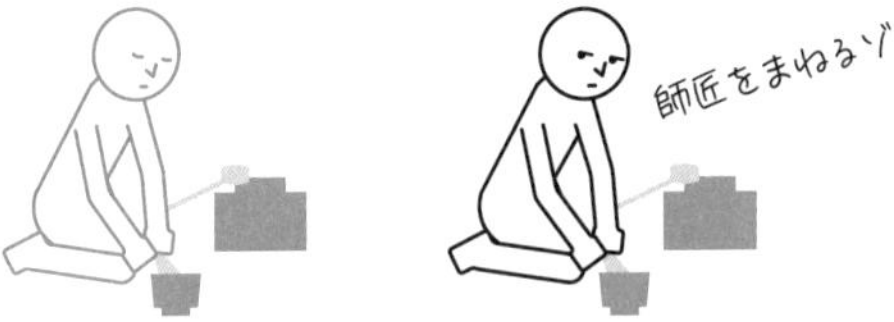

破 師匠と違ったやり方を覚え、幅を広げる

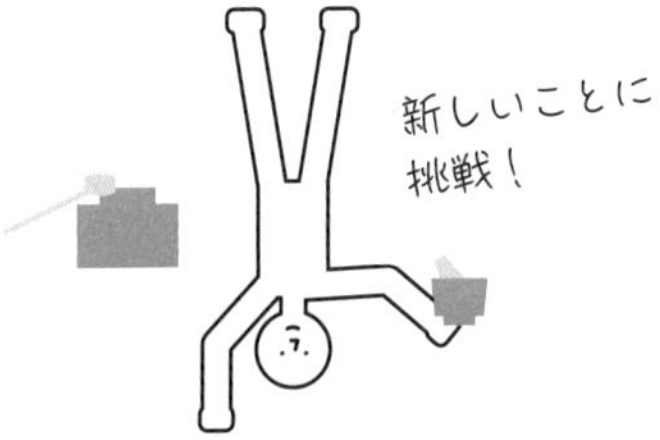

離 師匠のやり方を超え、独自の技を生み出す

48 フォロワーシップを発揮する

重要度

難易度

一年目の新人にいますぐできることがあります。それが、「フォロワーシップ」を発揮することです。フォロワーシップとは、いわば、**部下が発揮できるリーダーシップ**のことです。リーダーがある提案をしたとしましょう。勇気をもって最初の提案者になるのが、リーダーの役割です。そのとき、部下は何ができるのか？

たとえば、その提案に賛同を示すこと。自分がまず賛同することで、その実現に向けてリーダーをフォローすることができます。これは、提案を丸呑みにするイエスマンとは違います。フォロワーシップのある部下は、提案を理解し、それを実現するために自分で賛同の意見を示して、周りにも「これに参加しようよ」と勧めることができます。

リーダーの提案を汲んで、リーダーがほしいと思っていること、リーダーが必要としていることを考えて、自主的に動く。これが、フォロワーシップのある部下です。

率先してリーダーをフォローする姿勢を示し、周囲に影響を与える

フォロワーシップについて、象徴的で、とても有名な動画があります。

その動画は、芝生のピクニック会場で、一人の男が突然、変な踊りをしはじめることから始まります。彼は最初の提案者であり、リーダーです。黙々と、楽しそうに踊っています。この段階ではたった一人なので、影響はありません。しかし次の瞬間、事態は動き始めます。2人目が、その男のそばに駆け寄り、一緒になって踊りはじめたのです。ほどなくして3人目が加わり、最後は、ピクニック場の数百人の人が一斉に踊りはじめました。たった一人の男がはじめた踊りが、数百人を巻き込んでムーブメントになったのです。

この動画には、2つの教訓があります。ひとつ目は、最初の勇気をもって、一人で踊りはじめた男のリーダーシップを称えること。もうひとつは、2人目に踊り出した人の勇気に注目することです。リーダーが最初一人で踊りはじめたときは、それは奇異なものでした。おかしな人が踊っているだけ、と見ることもできたでしょう。

周りで見ている人にできることは2つ。ひとつは、単にそれを無視すること。もうひとつは、それに賛同を示して、リーダーを支える側に立つこと。

2人目の男は、誰の指示があったわけでもないのに、自分の判断で、最初の男のもとに駆け寄りました。そして、いっしょに踊りはじめました。

この**2人目の行為こそが、最初に踊った男を単なる変人から、リーダーに変えた**のです。

一年目の新人にできることは、この2人目の男に相当します。自らが新しい提案を創り出すような実力はまだなくても、リーダーを賞賛し盛り立てて、仲間に加わることは自主的にできるはずです。**ムーブメントは、リーダー一人から生まれるものではありません。リーダーと同じくらいに、最初のフォロワーも大事**なのです。

あなたが一年目だとしても、フォロワーシップを発揮することはできます。それが、言葉を変えると、「部下としてのリーダーシップ」なのです。

フォロワーシップがある人は、やがてよいリーダーになります。よいリーダーは、先頭に立つこともできますが、一方で、他人をフォローすることも上手なものです。

> ☑**最初に提案をするのは、リーダーの役割。その実現のために、率先して自主的に動くのがフォロワーシップ**

リーダーの提案を汲んで周りを巻き込む

①リーダーが提案者になる

最初の一人がはじめたときは奇異に思われる

②フォロワーがリーダーに賛同する

2人目がはじめると、最初にはじめた人がリーダーになる

③周りの人にも波及していく

2人目が加わったことで、3人目以降が加わりやすくなり、
ムーブメントとなる

49

プロフェッショナルのチームワーク

重要度

難易度

　多くの会社では、新人に、アシスタントであることを要求します。そのため、自分が活躍するのは、もう少し経験を積んでからだ、と思っている人もいるかもしれません。けれども、それは違います。たとえ一年目だったとしても、担うべき役割は必ずあるのです。

「きみたちは一年目だけれども、一人のコンサルタントです」

　これは、わたしが一年目に上司からかけられた言葉です。プロフェッショナルとして働いてほしい、という期待とともに、責任もまた感じます。一年目だからといって、何もできなくてもよいわけではない、というメッセージも含まれているからです。

　この言葉に、プロフェッショナルとは何かのヒントがあります。

　たとえば、あなたはプロ野球の新人、周りにはレギュラー集団がいたとします。年間に何十本もホームランを打ったりする選手がいる中で、あなたはまだ1本もヒットを打った実績のない新人です。だからと言って、あなたは、アシスタントをしているわけではありません。新人なりに、ヒットを打ち、よいプレイをして、チームが勝つことに貢献しないといけません。先ほどの上司の言葉は、ていねいに翻訳すれば、次のようになります。

「ここでは、ベテランコンサルタントのグローブを磨いていても、試合に貢献しているとはみなされない。**きみが打席に立てる場面はまだ限定的かもしれないけれど、その機会がきたら、ヒットを打ちなさい**」

「グローブを磨く人は別にいて、磨く役割のプロを採用しています。あなたはコンサルタントとして採用されたのだから、グローブを磨いてはいけない。あなたの仕事は、**コンサルタントとして、試合に出て、顧客とチームに貢献すること**です」

自分の担当分野で、プロとして責任をもって仕事に取り組む

わたしの新人時代の仕事は、おもにデータの分析や整理などでした。クライアントからもらった何十万行もの売上データを使って分析をしたり、クライアントの支店に行って実際に社員がどのような行動をしているのかをリサーチしたり、という地道なものです。

それらのデータから何か意味があるものを紡ぎだす、というのが私のおもな役割でした。

大まかな仮説をたてたりリサーチの大まかな方針を決めるのはマネジャーですが、実際にそのデータを拾ってきて、実証するのは私です。そのために根気強くエクセルと格闘したり、データベースをつくってみたりして、試行錯誤するわけです。十数万行の売上データを整備して、クロス分析にかける。そんな作業を何度も繰り返し、キーとなる現象を見つけていきます。極めて泥臭い作業で、世間の人がコンサルタントと聞いて想像する華やかなものではまったくありませんでした。

分析を担当しているのは私一人だけでしたので、チームが意味のある結果を出せるかどうかは、ひとえに自分にかかっていました。もしわたしが分析に失敗すると、プロジェクトも失敗します。

これは、**全員がそれぞれの価値を発揮して、プロジェクトに貢献するということ。これに気づいたとき、プロのチームワークとはそういうこと**なんだと、はじめて理解しました。

☑ **一年目でも、試合に出られるときは出て、勝利に貢献すること。それが、プロの選手なのか、単なるアシスタントなのかの違い**

ノンプロとプロの違い

ノンプロ 試合に貢献しない

先輩の
アシスタント

ただ
努力するだけ

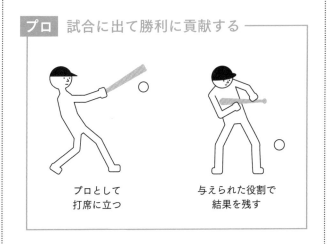

プロ 試合に出て勝利に貢献する

プロとして
打席に立つ

与えられた役割で
結果を残す

50

人とは違う役割を果たす

重要度

難易度

テレビ番組で30人31脚というのを観たことがあります。たくさんの子どもが足をお互いに結んで、走る。みんな体格も違うし、走るスピードも違うのに、この競技では全員が他人と同じ動きをすることを求められる。決められた動きを決められたスピードで、全員が同時に行うことが求められています。それを番組では「チームワーク」だと言っていました。

「違う」、わたしは思いました。そんなのはチームワークでもなんでもない。

チームワークとは、**それぞれにしかできない役割をそれぞれが担って、チーム全体の勝利に向かって走ること**です。

もし、まったく同じ役割をする人が2人いたら、残念ながらどちらかは不要になります。

基本的にプロのチームワークとは、別々の役割を担う人がチームを組んでひとつの目的を達成することです。コンサルタントのチームはその最たるものでした。

新人と、マネジャーでは、役割が異なります。マネジャーは、コンサルティング・プロジェクトの全体像を描いて、段取りをして、タスクを設計します。新人の場合は、その個々の単位の作業をこなしていくことが求められます。

つまり、分業なのです。新人にマネジャーの役割はできませんが、マネジャーにも新人がやる作業は代替できません。

いまの自分の能力で、チームに貢献できる分野を考える

全員が同じことをするのではなく、違うことをすること。もし、自分が他人と同じことをしていれば、2人のうちどちらかは不要と判断されます。ですから、**他人と違うことで、自分の特色をアピール**していかなければなりません。

難しいことでなくてもいいのです。わたしは、大規模なデータ分析が得意で、そこで価値が出せたので、それを武器にしていました。

ある人は数字が苦手だったので、ひたすらインタビューに行ったり、現場調査の分野で

価値を発揮していました。また、とにかくタフで働く量では誰にも負けない人もいました。

価値の出し方はいろいろありますが、みんな生き残るために必死だったので、どうにかしていまの自分の能力で、チームに貢献できる分野を探していました。それがうまくはまれば、本人にとっても、チームにとっても幸せです。

間違っても、他人と同じ分野で、弱点を埋めようとしてはいけません。

「あいつはPCが得意だから、自分も学ばなくては」とか、「あいつはトークがうまいから、自分も練習しなくては」とか。それは、本人にとっても、チームにとっても不幸です。

これができない、あれもできないではなく、**まず自分が得意なこと、できることを起点に考えてみましょう。**チームに貢献できるなら、どんなことだって特技になります。

他人と同じことではなく、違った角度で貢献できる分野を見つけて、そこで認められるようになってください。

☑ **同じ役割を果たす人は、2人もいらない**

☑ **チームワークとは、全員が、違う分野で価値を発揮すること**

自分の担当分野で責任をもって仕事に取り組む

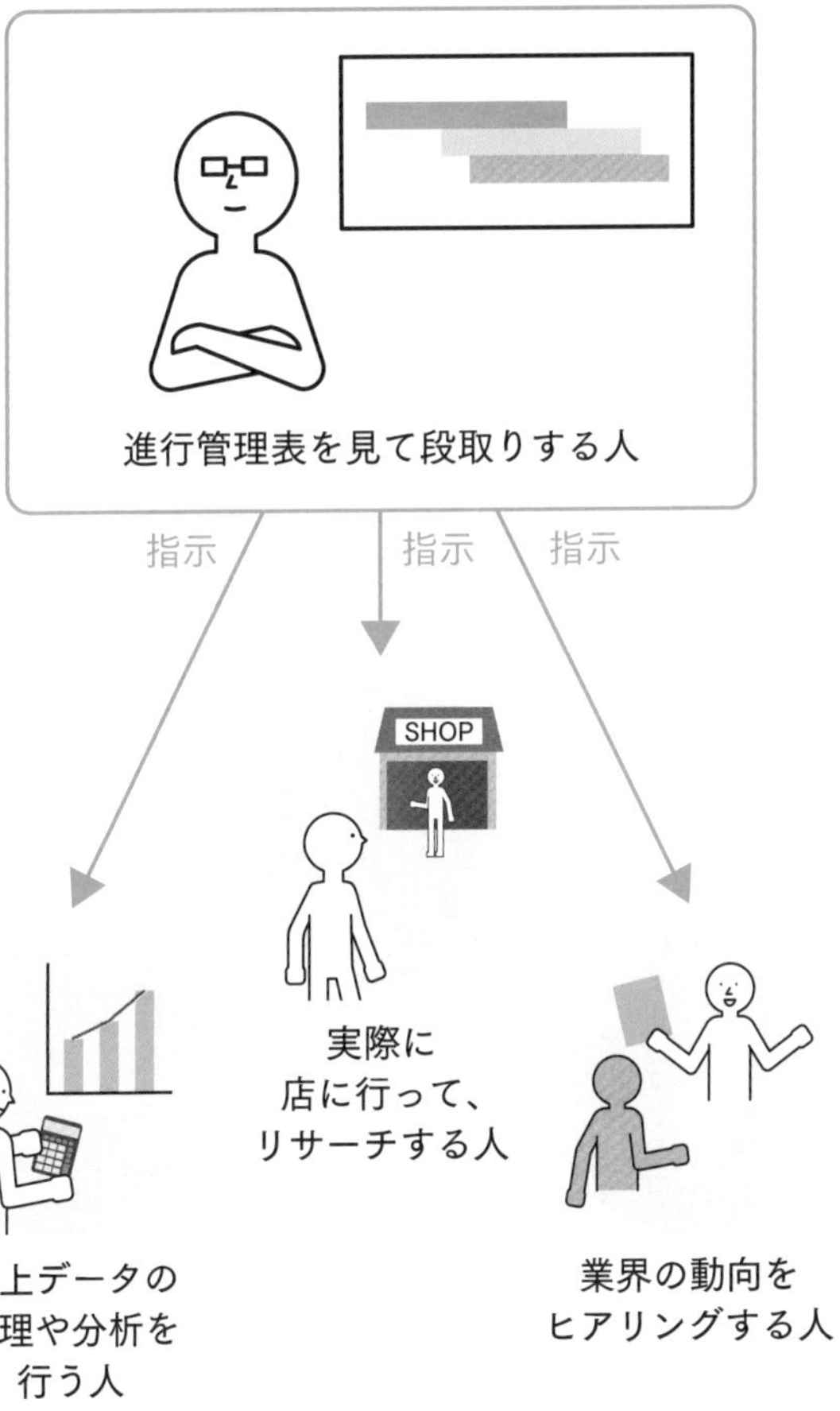

それぞれの担当分野で
全員が価値を生み出すのが大事

おわりに

本書は、2014年に刊行した『コンサル一年目が学ぶこと』（ディスカヴァー・トゥエンティワン）をベースに、図解を加えてわかりやすくコンパクトに再編成した「図解版」になります。いくつかのエピソードは省いていますが、項目の内容は同じで、短時間で読めるようエッセンスを凝縮したかたちになります。本書をお読みになられたあと、ご興味があれば原著を読んでいただくこともおすすめです。内容がさらに深く理解できるようになるでしょう。

原著は、出版からすでに7年が経っていますがベストセラーを続けており、多くの好意的な評価をいただいています。たとえば、企業の新人研修の課題図書として使っているというご連絡もいくつかいただきました。つまり、**何年経っても色褪せない、普遍的なスキルを紹介するという狙い**が実証されたのかもしれません。

今回、あらたに図解が加わり、さらに多くの方に役立つことができれば、筆者としてこれほど嬉しいことはございません。

さて、原著と同じく最後に補足をいたします。

まず、本書のスキルの取り上げ方には偏りがあるなと感じた方もいらっしゃるかもしれません。そのとおりなのですが、本書の目的からすると、それでよいのです。

たとえば本書では経営戦略のフレームワークや若手のマナーといったものは取り上げていません。なぜなら、それらは元コンサルタントの方々との議論の中で、一切話題に上がらなかったからです。

本書の中でも、繰り返し、**「重要なことに絞って枝葉は無視しろ」**ということを述べています。ですから、枝葉は無視して、元コンサルタントの経験を信用して、重要な事柄のみに絞った次第です。

また、読者のみなさんの多くはコンサルティング業界以外にお勤めのことと思いますが、よくよく読んでいただければおわかりのように、項目の多くが、コンサルティング会社に入社しなければ学ぶことができないような特殊なスキルの類ではありません。他の業界や、他の会社でも十分学ぶことができる項目です。

したがって、コンサルティング会社に勤めていないから意味がないととらえるのではなく、**普遍的に役立つスキルのリスト、それぞれの日々の仕事の中で学び、磨いていくべきスキルのリスト**としてお役立ていただければと思っています。

また、もうひとつ付け加えなければいけないことがあります。それは、**コンサルの経験だけが、その人のすべてを形づくっているのではない**ということです。

本書のコンセプト上、あくまで「コンサル一年目で学んだことをとりあげる」という制限がありましたが、実際に各界で活躍されている方は、コンサルタントの経験に加え、それ以外の仕事から学んだことも合わせた総合力で、現在、活躍されています。

ぜひ、みなさん自身の業界や会社から学ぶことも同様に大切になさってください。無駄な学びはありません。最終的にはすべてがつながっていくはずです。

2021年6月

大石哲之

〈取材にご協力いただいた方〉

本書を書くにあたって、スキルを50個挙げるために議論をし、体験や経験を引用させていただいた方々です。こちらの方々以外にも、多数の方のご意見を頂戴しています。
※五十音順　敬称略　※プロフィールは、いずれも2014年原著出版当時のものです

秋山ゆかり
事業開発コンサルタント　ソプラノ歌手　イリノイ州立大学在学中に、世界初のウェブブラウザであるNCSA Mosaicプロジェクトに参加し、インターネット・エンジニアのキャリアを重ねる。ボストン・コンサルティング・グループの戦略コンサルタントを務めた後、イタリアへ声楽留学。帰国後、国内外でのコンサート活動をしながら、GE International の戦略・事業開発本部長、日本IBMの事業開発部長等を歴任。2011年、全世界のIBM社員の中から40人のグローバル・リーダーに唯一の日本人女性として選ばれた。12年独立。新規事業開発支援や、中東・ロシア・東南アジアの事業開発支援のプロジェクトを行っている。主な著書に『考えながら走る―グローバル・キャリアを磨く「五つの力」』、『ミリオネーゼの仕事術［入門］』、『「稼ぐ力」の育て方』などがある。奈良先端科学技術大学院大学情報処理学工学修士。

梅田友彦
エムスリーキャリア株式会社　薬剤師事業部事業部長
東京大学教養学部生命認知科学科基礎生命科学科卒業、東京大学大学院理学系研究科生物化学専攻科退学。2004年にアクセンチュア株式会社に入社。06年にグローバル・ブレイン株式会社にてベンチャー企業への投資業務に携わる。投資先にはレアジョブ（マザーズ上場）、コムニコ（事業会社へ売却）、オトバンク、ウィングスタイルがある。11年よりエムスリーキャリア株式会社に参画し、経営管理グループのマネジャーを務めた後、薬剤師事業部事業部長を務める。

奥井潤
アーンスト・アンド・ヤング・アドバイザリー　シニアパートナー　東京理科大学工学部卒業後、1998年に会計事務所系コンサルティングファームに入社。その後、大手外資系コンピュータメーカーを経て、大手外資系コンサルティングファームにて、製造業、消費財業界のクライアントを中心とした、会社・組織の再編、企業の経営管理、会計領域の業務コンサルティングに従事。2010年よりアーンスト・アンド・ヤング・アドバイザリーの立ち上げに携わり、現在自動車業界の責任者を務める。

菅原敬

英国国立ブリストル大学経営修士（ＭＢＡ）修了後、１９９６年にアンダーセンコンサルティング（現・アクセンチュア）に入社。99年にアイスタイル創業に参画。２０００年にアーサー・Ｄ・リトル（ジャパン）に入社し、主にハイテク／通信企業に対する各種戦略立案のコンサルティング業務に携わる。04年よりアイスタイル取締役就任。ＣＴＯ、２社の子会社社長を経て、11年よりＣＦＯ。東証マザーズ上場・東証一部市場変更を主導し、数々のＭ＆Ａ・投資を手掛ける。

田沼隆志

衆議院議員（千葉１区）　次世代の党所属　脱自虐史観や教育委員会改革をライフワークとする。

昭和50年12月26日生まれ。東京大学卒業後、外資系経営コンサルティング会社アクセンチュアにて官公庁や企業（製薬、飲料、その他）の改革プロジェクトに従事。平成18年、政治を志し、街頭活動を開始。平成19年、千葉県議選次点。平成21年、23年、千葉市議２期連続トップ当選。市議時代は、教育改革の他、コンサルの経験を活かし、役所の情報システム改革、人事評価制度改革等を提案。24年、第46回衆議院議員選挙にて初当選。現在、拉致問題特別委員会理事、財務金融委員会委員。

牧田幸裕

信州大学学術研究院（社会科学系）准教授　京都大学経済学部卒業、京都大学大学院経済学研究科修了。ハーバード大学経営大学院エグゼクティブ・プログラム（ＧＣＰＣＬ）修了。アクセンチュア戦略グループ、サイエント、ＩＣＧなど外資系企業のディレクター、ヴァイスプレジデントを歴任。２００３年日本ＩＢＭ（旧ＩＢＭビジネスコンサルティングサービス）へ移籍。インダストリアル事業本部クライアント・パートナー。主にエレクトロニクス業界、消費財業界を担当。ＩＢＭでは４期連続最優秀インストラクター。06年信州大学大学院経済・社会政策科学研究科助教授。07年より現職。12年青山学院大学大学院 国際マネジメント研究科 非常勤講師。著書に『フレームワークを使いこなすための50問』『ラーメン二郎にまなぶ経営学』『ポーターの『競争の戦略』を使いこなすための23問』『得点力を鍛える』（いずれも東洋経済新報社）、雑誌連載など多数。

山口揚平

早稲田大学政治経済学部卒。東京大学大学院卒。１９９９年より大手コンサルティング会社でＭ＆Ａに従事し、カネボウやダイエーなどの企業再生に携わった後、独立・起業。企業の実態を可視化するサイト「シェアーズ」を運営し、証券会社や個人投資家に情報を提供する。２０１０年に同事業を売却。現在は、コンサルティング会社をはじめ、複数の事業・会社を運営する傍ら、執筆・講演活動を行っている。専門は貨幣論・情報化社会論。

図解　コンサル一年目が学ぶこと

発行日　2021年　7月　20日　第 1 刷
　　　　2025年　2月　 5 日　第11刷

Author　大石哲之

Book Designer　[装丁]小口翔平＋奈良岡菜摘(tobufune)
[本文・DTP/図版]伊延あづさ　佐藤純(アスラン編集スタジオ)

Publication　株式会社ディスカヴァー・トゥエンティワン
〒102-0093　東京都千代田区平河町2-16-1 平河町森タワー11F
TEL　03-3237-8321(代表)　03-3237-8345(営業)
FAX　03-3237-8323
https://d21.co.jp/

Publisher　谷口奈緒美
Editor　藤田浩芳
編集協力:野村佳代　青木啓輔(アスラン編集スタジオ)

Store Sales Company　佐藤昌幸　蛯原昇　古矢薫　磯部隆　北野風生　松ノ下直輝　山田諭志　鈴木雄大　小山怜那　藤井多穂子　町田加奈子

Online Store Company　飯田智樹　庄司知世　杉田彰子　森谷真一　青木翔平　阿知波淳平　大﨑双葉　近江花渚　徳間凜太郎　廣内悠理　三輪真也　八木眸　古川菜津子　高原未来子　千葉潤子　川西未恵　金野美穂　松浦麻恵

Publishing Company　大山聡子　大竹朝子　藤田浩芳　三谷祐一　千葉正幸　中島俊平　伊東佑真　榎本明日香　大田原恵美　小石亜季　舘瑞恵　西川なつか　野﨑竜海　野中保奈美　野村美空　橋本莉奈　林秀樹　原典宏　牧野類　村尾純司　元木優子　安永姫菜　浅野目七重　厚見アレックス太郎　神日登美　小林亜由美　陳玟萱　波塚みなみ　林佳菜

Digital Solution Company　小野航平　馮東平　宇賀神実　津野主揮　林秀規

Headquarters　川島理　小関勝則　田中亜紀　山中麻吏　井上竜之介　奥田千晶　小田木もも　佐藤淳基　福永友紀　俵敬子　三上和雄　池田望　石橋佐知子　伊藤香　伊藤由美　鈴木洋子　照島さくら　福田章平　藤井かおり　丸山香織

Proofreader　小宮雄介
Printing　中央精版印刷株式会社

ISBN978-4-7993-2766-1